세상에서
가장 재밌는
"지식"

문화와 철학

Title of the original German edition: Christa pöppelmann,

1000 Irrtümer der Allgemeinbildung

© 2005, 2010 by Compact Verlag GmbH, Munich
All Rights Reserved.

Korean translation copyright © 2015 by Jakeunchaekbang
Korean edition is published by arrangement with Compact Verlag
through Eurobuk Agency

세상에서 가장 재밌는 지식   문화와 철학

© 크리스타 퍼펠만, 2015

초판 1쇄 인쇄일 2015년 7월 30일
초판 1쇄 발행일 2015년 8월 10일

지은이 크리스타 퍼펠만   **옮긴이** 강희진
펴낸이 김지영   **펴낸곳** 작은책방
편집 김현주 · 백상열
마케팅 김동준 · 조명구   **제작** 김동영

출판등록 2001년 7월 3일 제2005 – 000022호
주소 121–895 서울시 마포구 어울마당로 5길 25 – 10 유카리스티아빌딩 3층
　　　　　　　　　　　(구. 서교동 400–16 3층)
전화 (02)2648-7224   **팩스** (02)2654-7696

ISBN 978 – 89 – 5979 – 396 – 9 (04030)
　　　 978 – 89 – 5979 – 399 – 0 SET

- 책값은 뒷표지에 있습니다.
- 잘못된 책은 교환해 드립니다.

세상에서 가장 재밌는 "지식"

문화와 철학

크리스타 푀펠만 지음　강희진 옮김

작은책방

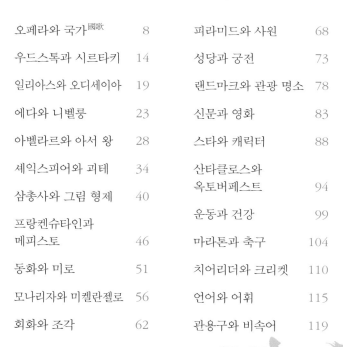

문화와 오락

contents

종교와 철학

문화와 오락

오페라와 국가^{國歌}

 모차르트의 본명은 볼프강 아마데우스이다?

역사에 길이 남을 천재 음악가 모차르트의 세례명은 '요하네스 크리소스토무스 볼프강구스 테오필루스^{Johannes Chrysostomus Wolfgangus Theophilus}'(1756~1791)였다. 하지만 그 긴 이름은 모차르트가 자라면서 자연스럽게 '볼프강'으로 줄어들었다. 사실 모차르트 자신은 아마데^{Amadé}라는 이름을 더 좋아했고, 서명할 때에도 보통 '볼프강 아마데'라고만 썼지 아마데우스라는 이름을 사용한 적은 그리 많지 않았다. 아마데우스는 테오필루스를 라틴어로 번역한 이름인데, 독일어식으로 번역했다면 고틀리프^{Gottlieb}가 되었을 것이다. 참고로 볼프강 아마데우스 모차르트라는 이름은 20세기에 접어든 이후부터 '유통'된 이름이다.

〈엘리제를 위하여〉는 베토벤이 엘리제를 위해 쓴 곡이다?

〈엘리제를 위하여^{Für Elise}〉의 주인공은 엘리제가 아니라 테레제 말파티^{Therese Malfatti}(1792~1851)였던 것으로 추정된다. 테레제는 빈^{Wien}에서 활동하던 의사의 딸로, 1808년 당시 베토벤^{Ludwig van Beethoven}(1770~1827)이 사모했던 여인이다. 테레제가 출판 과정에서 엘리제로 둔갑한 이유는 베토벤의 악필 때문이었다고 하는데, 확실히 증명된 것은 아니다. 그 때문에 정확성을 중시하는 이들은 해당 작품을 〈엘리제를 위하여〉나 〈테레제를 위하여〉가 아니라 〈바가텔 25번 가단조^{Bagatelle No. 25 in A minor}〉로 부른다.

 〈니벨룽의 반지〉는 한 개의 작품이다?

〈니벨룽의 반지〉는 리하르트 바그너^{Richard Wagner}(1813~1883)의 연작 오페라로, 네 개의 작품(〈라인의 황금〉, 〈발퀴레〉, 〈지크프리트〉, 〈신들의 황혼〉)으로 구성되어 있다. 각 작품들은 1851년부터 1874년 사이에 작곡되었으며 해당 연작의 제목을 니벨룽'들'의 반지^{Der Ring DER Nibelungen}라 착각하는 이들이 많은데, 원래 제목은 '한 명'의 니벨룽의 반지^{Der Ring DES Nibelungen}이다. 니벨룽이 복수가 아니라 단수인 것이다. 참고로 여기서 말하는 그 한 명의 니벨룽, 즉 난쟁이는 물론 난쟁이 나라의 대왕인 알베리히다.

 〈서푼짜리 오페라〉는 베르톨트 브레히트 혼자서 쓴 작품이다?

〈서푼짜리 오페라Die Dreigroschenoper〉의 원작은 영국의 극작가 존 게이John Gay(1685~1732)의 〈거지 오페라Beggar's Opera〉이다. 참고로 존 게이는 친구 조너선 스위프트Jonathan Swift(1667~1745)에게서 아이디어를 얻어 그 작품을 썼다고 한다. 한편, 브레히트의 동료인 엘리자베트 하우프트만Elisabeth Hauptmann(1897~1973)은 영어로 된 〈거지 오페라〉를 독일어로 번역했고, 번역 이외의 분야에서도 브레히트를 적극 지원했다. 〈서푼짜리 오페라〉의 탄생 과정에 하우프트만의 입김이 얼마나 작용했는지는 밝혀지지 않았지만, 하우프트만뿐 아니라 여러 명의 작가가 힘을 보탠 것만큼은 확실하다. 즉 베르톨트 브레히트 혼자만의 작품이라곤 할 수 없는 것이다.

 독일 국가의 1절 가사는 처음부터 광신적 애국주의를 염두에 두고 작사한 것이었다?

독일 국가國歌는 요제프 하이든Josepf Haydn(1732~1809)

의 곡에 하인리히 호프만 폰 팔러슬레벤Heinrich Hoffmann von Fallersleben(1798~1874)이 가사를 붙인 것으로, 정식 명칭은 '독일인의 노래Lied der Deutschen'이다. 원래는 3절로 구성되어 있었는데, 1952년 서독 정부는 1절 가사[1]가 광신적 애국주의를 지향한다 해서 아예 금지시키고 3절만을 공식 국가로 채택했다. 하지만 팔러슬레벤은 결코 극우적 취지에서 그러한 가사를 쓴 것이 아니었다. 1841년 팔러슬레벤이 해당 가사를 쓸 때만 해도 독일은 군소 국가들로 이루어진 동맹국이었고, 각 국가들은 자국의 이익을 챙기기에만 바빴다. 즉, 팔러슬레벤은 그 당시 군소 국가들 사이에 존재하던 벽을 허물고 자유 민주주의 국가를 수립하자는 취지였다. 하지만 그 때문에 교수 직에서 물러나야 했고, 프로이센 국적도 박탈당했으며, 수년간 유배 생활을 해야 했다. 참고로 당시 독일 연방Deutscher Bund의 영토는 실제로 마스Maas 강에서 메멜Memel 강까지, 에치Etsch 강에서 벨트Belt 해

---

1) 독일, 모든 것 위의 독일(Deutschland, Deutschland über alles)
　세상 그 무엇보다 뛰어난 독일(über alles in der Welt)
　항상 수호하고 방어하면(Wenn es stets zu Schutz und Trutze)
　독일이 형제 되어 서로 굳게 뭉치면(Brüderlich zusammenhält)
　마스 강에서 메멜 강까지(Von der Maas bis an die Memel)
　에치 강에서 벨트 해협까지(Von der Etsch bis an den Belt)
　독일, 모든 것 위의 독일(Deutschland, Deutschland über alles)
　세상 그 무엇보다 뛰어난 독일!(über alles in der Welt)

협까지를 아울렀지만, 나치 덕분에 지금은 축소되었다.

 각 나라의 국가들은 모두 자국을 찬양하고 타국을 공격하는 내용들이다?

1745년, 조지 2세^{George II}(1683~1760)를 기리기 위해 처음으로 연주된 영국의 국가에는 가사가 아예 없었다. 이후 영국 연방^{Commonwealth}에 속하는 나라들에서 "하느님, 국왕/여왕 폐하를 지켜 주소서^{God Save the King/Queen}"라는 가사를 붙여 부르기 시작했는데, 통치자의 안녕을 기원하는 내용일 뿐, 공격적인 내용은 전혀 담겨 있지 않다. 참고로 영국 국가와 같은 멜로디에 가사만 달리 붙인 국가國歌들이 적지 않다. 1871년부터 1918년까지 독일 제국^{Deutsches Kaiserreich}의 국가였던 〈그대에게 승리의 왕관을^{Heil dir im Siegerkranz}〉도 영국 국가와 멜로디가 같았다. 그런데 독일 제국 국민들은 〈라인 강의 파수꾼^{Die Wacht am Rhein}〉이라는 비공식 국가를 더 즐겨 불렀고, 영국인들도 〈지배하라 영국이여^{Rule Britannia}〉라는 노래를 더 사랑했다. 1931년 이전까지는 미국인들도 영국 국가와 멜로디가 같은 〈나의 조국은 주님의 나라^{My Country 'Tis of Thee}〉를 〈성조기여 영원하라^{Star-Spangled Banner}〉와 함께 불렀고, 1961년 이전까지 스위스의 공식 국가였던 〈외쳐라 나의 조국^{Rufst du, mein Vaterland}〉 역시 영국 국가와 곡조가 동일하다. 리히텐슈타인의 현재 공식 국가인 〈저 라인 강을 넘어서^{Oben am jungen Rhein}〉도 영국 국가와 같은 멜로디에 가사만 새로 붙인 것이다.

 〈스카보로의 추억〉은 떠나간 연인을 그리워하는 노래이다?

사이먼과 가펑클^{Simon & Garfunkel}의 잔잔한 목소리를 듣고 있노라면 〈스카보로의 추억^{Scarborough Fair}〉이 떠나간 연인을 그리워하는 노래라는 느낌이 든다. 하지만 구슬픈 가락과 가수들의 애잔한 목소리 뒤에는 잔인한 가사가 숨어 있다. 노래 속 화자가 떠나간 연인에게 터무니없는 일들을 요구한 뒤, 그 임무들을 완수해내지 못하면 다시는 자신의 연인이 될 수 없다고 냉소적으로 선언하는 것이다. 그런데 사실 여기까지는 잔인하다고도 할 수 없다. 정작 더 끔찍한 부분은 중간중간에 별 의미 없이 반복되는 '파슬리와 세이지, 로즈메리와 타임^{Parsley, sage, rosemary and thyme}' 속에 있다. 참고로 이 네 가지 허브는 과거에 아이를 낙태하기 위한 약물로 사용되었다고 한다.

우드스톡과 시르타키

🎸 제1회 우드스톡 페스티벌은 우드스톡에서 개최되었다?

사랑과 평화의 축제 우드스톡 페스티벌^{Woodstock Festival}은 원래 1969년 8월 15일부터 8월 18일까지 뉴욕 주의 우드스톡^{Woodstock}에서 개최될 예정이었다. 그러나 주민들의 거센 항의로 그곳에서 100킬로미터 떨어진 베델^{Bethel}로 장소를 옮겨야 했다. 그런데 베델이 비교적 외진 곳임에도 불구하고 수많은 인파가 몰렸다. 주최 측에서는 원래 6만 명 정도를 예상했는데, 참가를 희망하는 사람이 100만 명이나 되었고, 실제로 축제 현장에 나타난 사람도 40만에 달했다. 그 때문에 출연자들조차 차안에 갇힌 채 오도 가도 못하는 상황이 벌어졌다. 그중 일부는 헬기를 동원해 다행히 콘서트 현장으로 이동했지만, 제시간에

도착하지 못한 연주자도 적지 않았다고 한다.

 비틀스와 롤링 스톤스는 앙숙지간이었다?

두 그룹의 사이가 나빴다는 소문은 롤링 스톤스의 매니저였던 앤드루 루그 올드햄^{Andrew Loog Oldham}(1944년 출생)이 고의로 퍼뜨린 것이다. 즉 올드햄이 이미 최정상의 자리에 있던 비틀스를 마케팅 도구로 활용한 것이다. 당시 올드햄은 롤링 스톤스를 비틀스와는 극명하게 대조되는 밴드, 즉 아나키즘을 표방하는 거친 밴드로 홍보했고, 이로써 젊은 반항아들의 마음을 사로잡았다. 그러면서 롤링 스톤스의 팬들과 비틀스의 팬들 사이에 물리적 갈등이 일기도 했지만, 정작 두 밴드 멤버들의 관계는 나무랄 데 없이 좋았다고 한다.

 스파르타인들은 음악을 등한시했다?

스파르타에서 음악은 없어서는 안 될 중요한 요소였다. 군 지휘관들도 플루트 소리를 들으며 출격할 정도였다고 한다. 영웅적 행위와 조국을 찬양하는 노래들도 끊임없이 등장했다. 그렇다고 전쟁과 관련된 음악만 발달한 것은 아니었다. 스파르타인 하면 모두들 문화와는 거리가 먼 호전적 민족으로 생각하지만, 기원전 6~7세기경을 즈음해 문학과 합창, 원무圜舞 등 공연예술이 화려한 꽃을 피웠다. 하지만 기원전 5세기 이후 스파르타인들은 예술을 등한시하기 시작했다. 피정복자인 메세니아인Messenian의 반란이 두려워 모든 역량을 군사 분야에만 집중한 것이었다.

 요들송은 알프스 지방에서만 부르는 노래이다?

요들송은 원래 고대 중국과 동남아시아, 아프리카의 피그미족, 북극 지방의 이누이트족, 캅카스 지역과 루마니아 등지에서 즐겨 불렀고, 18세기 말에는 알프스 지방에도 전파되어 큰 인기를 누렸다. 참고로 발성학적으로 볼 때 요들송을 제대로 부르려면 두성(가성)과 흉성(진성) 사이를 재빨리 오가야 하는데, 그렇게 하면 소리가 멀리 퍼져서 먼 곳에 있는 목동이나 사냥꾼도 노랫소리를 들을 수 있다고 한다.

 백파이프는 스코틀랜드에서 개발된 악기다?

백파이프bagpipe의 발상지는 소아시아, 백파이프를 최초로 개발한 민족은 트라키아인[Thracian], 백파이프를 영국에 전파한 사람은 카이사르의 군사들이었을 것으로 추정된다. 참고로 발칸반도에서도 백파이프와 모양이 비슷한 악기들을 연주했고, 유럽 내 다른 나라들에도 백파이프와 비슷하게 생긴 전통 악기들이 있다. 스페인 갈리시아 지방의 가이타[gaita], 프랑스 브르타뉴 지방의 비니우[biniou], 스웨덴의 새크피파[säckpipa]가 그것인데, 대개는 이러한 전통 악기들을 통칭하여 백파이프라 부른다.

 목관 악기는 나무로, 금관 악기는 금속으로 되어 있다?

금속으로 만든 목관 악기도 있다. 예를 들어 색소폰이나 플루트는 목관 악기에 속하지만 나무가 아니라 금속 재질로 되어 있다. 반면 알펜호른은 나무로 만들었지만 목관 악기가 아니라 금관 악기로 분류된다. 참고로 금관 악기는 연주자가 불어넣은 숨이 공명관의 끝부분까지 그대로 흘러나가는 악기이고, 목관 악기는 숨을 불어넣는 순간 공기의 흐름이 분산되고 소리 구멍 조절 방식에 따라 다른 음정이 나는 악기이다.

시르타키^{Sirtaki}는 〈희랍인 조르바^{Zorba the Greek}〉의 주연 배우 앤서니 퀸^{Anthony Quinn}(1915~2001) 때문에 탄생한 춤이다. 1964년, 영화를 찍을 당시 앤서니 퀸이 그리스 민속춤의 스텝을 도저히 익히지 못하자 제작진이 정통 그리스 춤인 시르토스^{Sirtos}와 하사피코^{Hassapiko}를 변형시켜 시르타키라는 춤을 만들어낸 것이다. 참고로 〈희랍인 조르바〉의 배경 음악은 독재 정권에 맞서 싸운 거장 미키스 테오도라키스^{Mikis Theodorakis}(1925년 출생)가 담당했다고 한다.

일리아스와 오디세이아

《일리아스》와 《오디세이아》는 호메로스의 작품이다?

우선, 호메로스가 실존 인물이었다는 확실한 증거조차 존재하지 않는다. 기원전 800~600년 사이에 살았던 것으로 추정되지만, 고대 시절부터 이미 그의 실존 여부에 대해 의문을 품은 이들이 적지 않았다. 물론 그와는 상관없이 《일리아스》와 《오디세이아》가 뛰어난 서사시라는 사실에는 의심의 여지가 없고, 해당 작품들은 오랜 세월 동안 그리스인들에게 자부심을 고취해왔다. 단, 그 두 작품이 한 사람에게서 탄생했는지는 불분명하다. 문체만 보면 동일인이 쓴 것 같지만, 내용 면에서는 두 작품의 작가가 서로 다를 가능성이 꽤 높다고 한다.

올림포스의 신들이 오디세우스의 귀환을 일부러 방해했다?

트로이 전쟁이 끝난 뒤 오디세우스는 각종 고난과 모험을 겪었고, 천신만고 끝에 귀향에 성공했다. 처음 몇 차례의 고난은 사실 강도가 그리 높지 않았다. 하지만 외눈박이 거인 폴리페모스^{Polyphemos}를 만나면서 모험의 강도는 한층 더 세졌다. 다행히 오디세우스는 지혜를 발휘해 폴리페모스의 눈을 멀게 한 뒤 탈출에 성공했다. 그런데 그 뒤에 더 큰 문제가 발생했다. 폴리페모스는 사실 바다의 신 포세이돈의 아들이었는데, 포세이돈이 자기 아들을 장님으로 만들어버린 오디세우스를 가만두지 않겠다며 길길이 날뛴 것이다. 결국 올림포스의 신들이 회의를 열어 포세이돈을 달랬고, 덕분에 오디세우스는 무사히 고국으로 돌아올 수 있었다.

 메데이아는 친자녀를 살해한 마녀이다?

메데이아^{Medeia}는 남편 이아손^{Jason}이 코린트의 공주 그라우케^{Glauke}와 인연을 맺으려 하자 질투심을 억누를 수 없었다. 결국 그녀는 그라우케 공주는 물론이요 코린트의 국왕까지 살해했고, 그러자 코린트인들은 복수를 위해 메데이아의 자녀를 죽였다. 즉 메데이아의 자녀들은 어머니가 아니라 코린트인들에 의해 살해당한 것이다. 여기까지가 예부터 전해 내려오는 메데이아의 전설이다. 하지만 아테네의 시인 에우리피데스 Euripides(BC 480~406년경)는 메데이아가 직접 친자녀를 살해한다는 내용으로 자신의 작품 《메데이아》를 끝맺었다. 그리고 그때부터 메데이아가 친자녀를 살해한 잔인한 인물이라는 소문이 널리 퍼지기 시작했다. 참고로 에우리피데스가 오리지널 버전을 수정해주는 대가로 코린트인들에게 은전 15달란트를 뇌물로 받았다는 말도 있다. 한편, 메데이아의 사후에 대해서도 여러 가지 이야기들이 존재하는데, 일설에 따르면 죽은 뒤 축복의 땅 엘리시온Elysion으로 가 그곳에서 아킬레우스와 맺어졌다고 한다.

《일리아스》는 트로이 정복에 관한 이야기이다?

《일리아스》는 아킬레우스의 분노에 관한 이야기요 좀 더 정확히 말하자면 트로이 전쟁이 발발한 지 10년째 되던 해에 아가멤논 장군과 영웅 아킬레우스 사이에서 벌어진 갈등을 묘사한 스토리이다. 총 60일 동안 벌어진 일들이 이야기 속에 등장하는데, 프리아모스Priamos 왕이 살해당한 아들 헥토르Hector의 시신을 되찾는 것으로 대단원의 막을 내린다. 참고로 아킬레우스의 죽음을 비롯해 오늘날 트로이 전쟁에 대해 알려진 모든 것들은

《일리아스》가 아니라 기타 자료들을 통해 전해 내려온 것들이
라고 한다.

Iliad, Book VIII, lines 245 – 53, Greek manuscript, late 5th, early 6th centuries AD.

에다와 니벨룽

 《에다》는 북유럽 작가가 기원전에 쓴 대서사시다?

《에다^{Edda}》는 북유럽의 신화와 영웅담을 집대성한 책으로, 《고에다^{古Edda}》와 《신에다^{新Edda}》로 구분된다. 전자를 '운문 에다$^{\text{Poetic Edda}}$', 후자를 '산문 에다$^{\text{Prose Edda}}$'라 부르기도 한다. 요즘은 '에다'하면 대개 《신에다》를 뜻하는데, 《신에다》는 1230년경 아이슬란드의 시인이자 역사학자인 스노리 스툴루손$^{\text{Snorri Sturlusson}}$(1179~1241)이 엮은 것이다. 참고로 당시 북구 민족들은 《에다》에서 유래한 관용구나 표현들을 즐겨 사용하면서도 그 뒤에 숨은 배경 이야기는 잘 알지 못했다. 스노리는 그러한 점을 안타까워해 《에다》를 집필했다고 한다.

북유럽 신들 중 사악한 신은 로키밖에 없었다?

로키^{Loki}가 마지막에 전쟁을 일으켜 모든 신들과 대립하고 결국 세상을 멸망시킨 주범이기는 하지만, 그렇다고 로키를 악으로 똘똘 뭉친 존재로만 볼 수는 없다. 로키도 더러는 따뜻한 모습을 보여주었기 때문이다. 참고로 로키는 주신主神 오딘^{Odin}과 의형제 사이이기도 했다. 사실 북유럽 신화 속 모든 신들은 악한 면과 선한 면을 동시에 지니고 있었고, 로키도 예외는 아니었다. 즉 로키만 유독 악의 화신으로 분류되어야 할 이유가 없으며, 어쩌면 나머지 신들이 더 사악했다고 할 수도 있다. 에시르 신족 Æsir 神族과 바니르 신족^{Vanir} 神族 간의 전쟁을 비롯해 각종 다툼과 음모, 거짓과 폭력을 일삼다가 결국 죽음을 맞이하기 때문이다.

 게르만족 신들이 벌인 최후의 전쟁은 '신들의 황혼'이었다?

《고에다》에는 게르만족 신들 사이에 '라그나뢰크^{Ragnarök}'라는 최후의 결전이 벌어졌다고 기록되어 있다. 참고로 라그나뢰크는 '신들의 숙명'이라는 뜻이다. 그런데 《신에다》에서 이를 '신들의 황혼'을 뜻하는 '라그나뢰크르^{Ragnarökr}'로 잘못 표기하면서 혼동이 일기 시작했다. 한편, 그 전쟁에서는 늑대 펜리르 Fenrir와 뱀 미드가르드^{Midgard}를 비롯해 거의 모든 신들이 목숨을 잃지만, 이후 새로운 세상, 평화로운 세상이 정착된다. 그리고 죽은 신들 가운데 평화를 사랑하는 봄의 신 발드르^{Baldur}, 로키에게 속아 자신의 동생인 발드르를 죽인 눈먼 신 회드르^{Hödur}, 발드르를 죽인 회드르를 죽이고 난 뒤 화형당한 발리^{Wali}, 말 못하는 숲의 신 비다르^{Widar}는 환생한다.

 라그나뢰크와 니벨룽 설화는 원래 비슷한 내용이었다?

바그너가 뒤섞기 전까지는 두 이야기 사이에 연관성이 거의 없었다. 오페라 〈신들의 황혼〉에 등장하는 신들은 거인족에게 성을 지어 줄 것을 부탁하고 그 대가로 사랑의 여신 프레이야^{Freyja}를 내주기로 했다. 하지만 이후 프레이야 대신 니벨룽족 대왕 알베리히의 수중에 있는 보석을 주겠다며 말을 바꾼다. 비록 처음의 약속은 지키지 못하지만 최소한 그에 준하는 보상은 해주겠다는 뜻이었다. 반면 《에다》의 신들은 무책임하고 잔인했다. 약속을 이행하지 않으려고 아예 거인족들을 죽여버린 것이다.

 발키리는 오딘의 딸들이었다?

바그너의 오페라에 등장하는 발키리들은 모두 오딘의 딸들이다. 하지만 신화 속 발키리들 중에는 사람도 포함되어 있었다. 예를 들면 브륀힐트도 신이 아니라 사람이었다. 오딘은 신 혹은 왕의 딸들 중 마음에 드는 여인을 골라 전사들의 시중을 들게 했다. 선택받은 여인들, 즉 발키리들은 전쟁터로 간 뒤 무공을 세운 전사들을 영웅의 전당인 발할라^{Valhalla}로 인도했다.

니벨룽 신화는 종류가 두 가지이다?

총 세 가지 버전의 니벨룽 신화가 존재한다. 첫 번째인 스칸디나비아 버전은 《구에다》에 수록된 것으로, 거기에서 지구르트 ^{Sigurd}(독일어로는 지크프리트)는 발키리인 브륀힐트와 결혼하지만, 이후 라인 강가에서 구이키^{Guiki} 왕이 건넨 마법의 물약을 마시고 기억을 상실하며, 그 때문에 구이키의 딸인 구드룬^{Gudrun}과 혼인하고, 심지어 구이키 왕의 아들 군나르^{Gunnar}가 자신의 원래 아내인 브륀힐트와 혼인할 수 있게 도움까지 준다. 하지만 결국 지구르트는 군나르의 동생에게 살해당하고, 브륀힐트는 지구르트의 사체가 불타는 모습을 보며 자결한다. 한편, 독일어 버전은 다시 중세 초기 버전과 중세 후기 버전의 두 가지로 나뉘는데, 초기 버전에서는 지크프리트^{Siegfried}가 브륀힐트와 연인 관계이다가 결혼은 결국 크림힐트^{Krimhild}와 하고, 후기 버전에서는 크림힐트를 먼저 만나고 브륀힐트는 나중에 만난다.

니벨룽족은 특히 충성심이 강했다?

충성심이 강한 것은 니벨룽족 난쟁이들이 아니라 그들의 교활한 시종 하겐Hagen이었다. 군터Gunther의 동생이기도 한 하겐은 형을 위해서라면 무엇이든 다 하는 충성스러운 심복이었다. 군터를 위해 지크프리트를 죽였고, 수많은 불길한 징조들을 목격했음에도 불구하고 훈족의 국왕 에첼Etzel에게 향하는 군터 일행을 호위했으며, 마지막에는 반지의 위치를 끝내 발설하지 않은 채 죽임을 당했다. 한편, 제1차 대전을 얼마 앞둔 시기에는 '니벨룽의 충성Nibelungentreue'이라는 말이 오스트리아와 헝가리의 동맹 관계를 논할 때 자주 사용되었다. 가장 먼저 언급한 사람은 제국 총리 베른하르트 폰 뷜로Bernhard von Bülow(1849~1929)로, 뷜로 총리는 오스트리아-헝가리 동맹이 그만큼 공고하다는 것을 강조하기 위해 그런 표현을 사용한 것인데, 아마도 니벨룽 신화를 잘 모르고 한 말인 듯하다. 참고로 독일이 패전한 이후, '니벨룽의 충성'은 비극적 최후만을 초래하는 맹목적이고 어리석은 충성심을 가리키는 말로 사용되었다고 한다.

아벨라르와 아서 왕

 아벨라르와 엘로이즈는 수많은 편지들을 주고받았다?

중세 프랑스 철학과 신학의 대명사인 피에르 아벨라르^{Pierre} Abélard(1079~1144)와 아리따운 수녀 엘로이즈^{Héloise}(1101~1164년경)의 비극적 러브 스토리는 두 사람이 주고받은 편지를 통해 세상에 널리 알려졌다. 그런데 오늘날 역사학자들은 그 편지들이 두 사람이 실제로 교환한 것이 아니라 아벨라르 혼자서 기록했을 가능성이 높다고 말한다. 참고로 그 편지들은 아벨라르가 쓴 서간 형식의 자서전《내 불행의 역사^{Historia calamitatum}》를 통해 공개되었다..

바르트부르크 성에서 가수들끼리 전쟁을 치른 적이 있다?

1206년, 발터 폰데어포겔바이데^{Walther von der Vogelweide}(1170~ 1230년경)와 볼프람 폰 에셴바흐^{Wolfram von Eschenbach}(1160~ 1220년경)를 비롯한 당대의 유명 가수 몇몇이 바르트부르크 ^{Wartburg}에 모여 목숨을 담보로 노래 경연 대회를 벌였다고 한다. 꼴찌를 하면 목숨을 내놓아야 한다는 것이었기 때문에 그 경연 대회를 '가수들의 전쟁^{Sängerkrieg}'이라 부르기도 하지만, 실제로 그러한 경연 대회가 개최되었는지 여부는 확인되지 않았다. 단, 이 이야기를 소재로 한 징슈필^{Singspiel2)}이 당시 큰 인기를 누렸고, 이후에도 수많은 작품들의 소재가 된 것은 사실이다. 참고로 바그너의 오페라 〈탄호이저^{Tannhäuser}〉도 '가수들의 전쟁'을 소재로 한 작품이다.

 아서 왕 이야기의 핵심은 아서 왕, 란슬롯, 귀네비어의 삼각관계 이다?

프랑스의 소설가 크레티앵 드트루아^{Chrétien de Troyes}(1140~ 1190)의 소설《랑슬로 혹은 수레의 기사^{Lancelot, ou le Chevalier de}

---

2) 노래와 대사가 혼합된 형태의 민속적 오페라.

la Charrette》를 보면 납치당한 귀네비어를 랑슬로Lancelot du lac가 구출한 뒤 두 사람이 사랑에 빠진다. 하지만 아서와 란슬롯 그리고 귀네비어의 삼각관계를 묘사한 책은 드트루아의 소설뿐이다. 웨일스 지방에서 전해 내려오는 전설에도, 성직자 출신 작가 몬머스의 제프리Geoffrey of Monmouth(1100~1154년경)의 작품에도, 저지의 바스Wace of Jersey(1110~1171년경)의 작품에도 귀네비어Guinevere의 불륜 행각에 관한 내용은 등장하지 않는다. 참고로 크레티앵 드트루아의 또 다른 작품들, 즉《사자의 기사 이뱅Yvain ou Le Chevalier au lion》과《페르스발 또는 성배 이야기Le Roman de Perceval ou Le Conte du Graal》 그리고《에레크와 에니드 Erec et Enide》 역시 아서 왕과 원탁의 기사를 소재로 한 소설들이라고 한다.

 아서 왕은 전설 속 인물이고 원탁의 기사는 실존 인물들이다?

요즘 학자들은 아서 왕이 실존 인물이라는 쪽에 더 무게를 싣고 있다. 몇몇 학설에 따르면 아서 왕은 서기 500년경에 영국을 다스렸던 통치자였다고 한다. 그러나 영국의 국왕 목록에 아서라는 이름은 나오지 않는다. 웨일스 지방의 역사를 기록한 사료들에도 아서 왕은 전투의 지휘관으로만 표기되어 있다. 이와

관련해 몇몇 학자들은 '아서'가 이름이 아니라 직함이었을 수도 있다고 주장한다. 참고로 오늘날 우리가 아서 왕이라 부르는 인물의 실제 주인공일 가능성이 매우 높은 인물은 오웨인 당트귄Owain Ddantgwyn이라 한다. 당트귄은 웨일스와 잉글랜드의 국경 지역 제후로 강력한 권력을 행사했던 인물이다. 한편, '원탁의 기사Knights of the Table Round'는 중세 소설 속에 처음 등장했고, 이후 원탁의 기사를 아서 왕이나 성배 혹은 켈트족의 '트리스탄과 이졸데Tristan und Isolde' 설화와 접목시킨 다양한 이야기들이 등장했다.

 마법사 멀린은 가상의 인물이다?

마법사 멀린은 사실 아서 왕 전설에 나오는 인물들 중 가장 비현실적인 인물이다. 그런데 하고많은 등장인물들 중 실존 인물이었을 가능성이 가장 높은 사람이 바로 마법사 멀린이다. 멀린의 모델이 된 인물은 웨일스의 음유 시인 뮈르딘Myrdin이었다. 아서 왕보다 한두 세대 늦은 시기의 인물로 추정되는데, 안타깝게도 뮈르딘은 573년경 아르프데리드Arfderydd 전투에서 미치광이가 된 뒤 한동안 숲을 헤매며 살았다고 한다.

단테의 연인은 베아트리체였다?

연인을 어떻게 정의하느냐에 따라 달라질 수 있다. 알리기에리 단테^{Alighieri Dante}(1265~1321)는 아홉 살이 되던 해, 부모님이 개최한 파티에서 아리따운 소녀 베아트리체 포르티나리 ^{Beatrice Portinari}(1266~1290)를 처음 보았고, 그로부터 정확히 9년 뒤 길을 걷다 베아트리체와 다시 한 번 우연히 마주쳤다. 하지만 그것이 끝이었다. 그럼에도 불구하고 베아트리체는 단테의 마음속에 강렬한 인상을 남겼고, 단테는 베아트리체가 요절한 뒤에도 그녀를 향해 타오르는 마음속 불길을 잠재우지 못했다. 결국 단테는 그러한 자신의 연정을 《새로운 인생^{La vita nuova}》이라는 시집에 담았다. 한편, 《새로운 인생》을 발표한 뒤 얼마 지나지 않아 단테는 다른 여인과 결혼했지만, 이후에도 단테의 창작열을 불태운 이는 아내가 아니라 베아트리체였다. 1307년 집필하기 시작해 죽기 직전에 완성한 대작 《신곡^{La Divina commedia}》[3])에서도 단테는 베아트리체에게 자신을 천국으로 인도하는 안내자 역할을 맡겼다. 마음속 영원한 연인인 베아트리체를 작품을 통해 다시 한 번 기린 것이었다.

---

3) 처음에는 《희극》으로 전해졌지만 단테가 시성으로 알려지면서 《신곡》으로 바뀌었다.

카사노바의 머릿속에는 오로지 여자뿐이었다?

자코모 카사노바$^{Giacomo\ Casanova}$(1725~1789)는 자서전에서 130여 건에 달하는 여성 편력기를 낱낱이 고백했다. 개중에는 진심이 담긴 사랑도 있었고 실패로 돌아간 연애담도 있었다. 그런데 총 12권으로 구성된 그 회고록이 오직 연애담으로만 채워져 있는 것은 아니었다. 학술적·정치적 내용을 주제로 한 글들도 약 20건이 포함되어 있었는데, 그중 하나가 공상과학 소설 〈20일 이야기^{Icosameron}〉였다. 카사노바는 또 열여섯 살에 이미 법학 박사 자격을 취득했고, 대학에서 신학과 의학, 화학과 수학을 공부했으며, 공연 감독이자 공학자, 실크 직물 공장의 공장장이자 뛰어난 바이올린 연주자이기도 했다.

셰익스피어와 괴테

"무어인은 할 일을 다했으니 사라져도 좋다"는 〈오셀로〉에 나오는 말이다?

'무어인^{Moor}'이란 본디 이베리아 반도와 북아프리카 사람들을 가리키는 용어였는데, 중세에는 피부색이 검은 사람을 가리키는 말로 변질되었고, 지금은 나라마다 의미가 조금씩 다르다고 한다. 그런데 독일어에서는 "무어인은 할 일을 다했으니 사라져도 좋다^{Der Mohr hat seine Arbeit getan, der Mohr kann gehen}"라는 말이 관용구처럼 쓰인다. 이용 가치가 없어진 사람을 버릴 때 쓰는 말인데, 〈오셀로〉에 등장하는 대사로 알고 있는 이들이 많다. 하지만 이 말은 실러의 비극 〈제노바에서 일어난 피에스코의 반란^{Die Verschwörung des Fiesco zu Genua}〉에서 킬러인 물레이

핫산^{Muley Hassan}이 한 말이다. 참고로 오셀로가 아프리카 흑인이라 생각하는 이들도 많은데, 오셀로는 아프리카 흑인이 아니라 무어인이다. 하지만 셰익스피어^{Shakespeare}(1564~1616)가 그 작품을 쓸 당시, 흑인과 무어인의 차이를 아는 사람은 거의 없었다. 한편, 오셀로의 원래 모델이 백인 남성, 즉 발칸 지역에 주둔하던 베네치아의 용병 대장 마우리치오 오텔로^{Maurizio Othello}였다는 주장도 있지만, 설득력이 그다지 높지는 않다. 셰익스피어의 작품 속에 오셀로가 백인이 아님을 암시하는 구절이 너무 많기 때문이다.

리처드 3세는 잔악한 곱사등이 폭군이었다?

리처드 3세^{Richard III}(1452~1485)는 에드워드 4세^{Edward IV}(1442~1483)의 막내아우로, 형이 죽고 난 뒤 조카들의 후견인을 자청하고 나섰다. 그런데 당시 에드워드 4세의 미망인인 엘리자베스 왕비와 선왕을 따르던 무리들도 섭정을 하고 싶어 했는데, 권력 다툼에서 결국 리처드 3세가 승리했다. 하지만 반대 세력은 단 한 명도 제거하지 않았고, 권좌에 오르기 위해 조카들을 살해했다는 말도 진위 여부가 밝혀지지 않았다. 한편, 셰익스피어의 희곡에서는 리처드 3세가 조카들 이외에도 몇몇을 살해하는 것으로 묘사되어 있는데, 그 부분은 셰익스피어의 상상력에서 나온 것으로 추정된다. 또한 셰익스피어는 리처드 3세를 곱사등이로 묘사한 최초의 작가이다.

 ## 돈 카를로스는 자유를 위해 투쟁한 영웅이었다?

프리드리히 실러Friedrich Schiller(1759~1805)의 작품 속에서 스페인의 왕자 돈 카를로스는 플랑드르 지역의 해방과 자유를 위해 투쟁했다는 이유로 감옥에 수감된다. 이후에도 돈 카를로스는 시련을 겪는다. 약혼녀 엘리자베스를 아버지에게 빼앗긴 것이다. 그런데 역사 속 실존 인물인 아우스트리아의 돈 카를로스 Carlos de Austria(1545 ~1568)는 정치에 관심도 없었고 사회 문제에 참여할 능력도 없었던 것으로 추정된다. 근친 혼인의 희생양(증조부모가 무려 여섯 명이나 되었다)으로, 지능도 뒤처지고 성격도 괴팍했던 것이다. 이런 왕세자를 탐탁잖게 여겼던 국왕은 반역죄를 뒤집어씌워 후계자 자리를 박탈하려 했지만, 왕자는 재판이 열리기도 전에 질병으로 사망하고 말았다.

빌헬름 텔은 실존 인물이다?

스위스인들은 빌헬름 텔을 자유를 위해 싸웠던 역사 속 영웅으로 기억하고 싶어 하지만, 빌헬름 텔은 실존 인물이 아니라 실러가 지어낸 허구의 인물이다. 단, 빌헬름 텔이 오직 실러의 머리에서 탄생한 것은 아니다. 실러에게 아이디어를 제공한 사람은 스위스 출신의 역사학자 아에기디우스 추디^{Aegidius} Tschudi(1505~1572)였다. 즉 추디의 원작에 몇 가지 새로운 요소를 추가한 뒤 희곡으로 각색한 것이 바로 실러의 〈빌헬름 텔〉이다. 참고로 화살로 사과를 쏘는 장면 역시 추디의 이야기에 이미 등장하는 내용이라고 한다.

실러와 괴테의 유해는 바이마르의 후작 묘지에 안장되었다?

요한 볼프강 폰 괴테^{Johann Wolfgang von Goethe}(1749~1832)의 시신이 바이마르의 후작 묘지에 안장된 것은 사실이다. 하지만 그곳에 안치되어 있는 실러의 유해가 진짜 그의 것인지는 불확실하다. 실러의 시신은 원래 공동묘지에 안장되었다가 1827년 바이마르의 묘지로 이장되었다. 당시 이장 담당자들이 실러의 데스마스크와 가장 유사한 유골을 고르기는 했지만, 그것이 실러의 실제 유골인지는 확실치 않았고, 그 때문에 1911년 실러의 진짜 유골을 찾기 위해 다시 공동묘지를 수색했다. 최근의 연구 결과에 따르면 1911년 이장된 유골 중 두개골은 남성이 아닌 여성의 것으로 판명되었고, 1827년에 이장된 두개골이 오히려 실러 본인의 것으로 추정된다고 한다.

 파우스트는 괴테가 만들어낸 가상의 인물이다?

괴테는 《파우스트》를 집필할 당시 1587년에 발표된 작자 미상의 작품 《요한 파우스트 박사의 이야기》Historia von D. Johann Fausten, dem weitbeschreyten Zauberer und Schwartzkünstler》를 참고했다. 나아가 영국 극작가 크리스토퍼 말로Christopher Marlowe(1564~1593)의 1590년 발표작도 참고자료로 활용했다. 두 작품 모두에 등장하는 공통의 주인공은 뷔르템베르크에 거주하던 요한 파우스트(혹은 게오르크 파우스트, 1480~1538년경)인데, 그 당시 연금술사이자 흑마술사로 활동한 인물이라고 한다.

 괴테가 마지막으로 남긴 말은 "더 많은 빛을!"이었다?

세기의 대문호 괴테는 "더 많은 빛을!Mehr Licht!"이라는 유언을 남겼다고 한다. 수많은 자료들에도 그렇게 기록되어 있다. 그중 가장 유명한 자료는 아마 바이마르의 재상 프리드리히 폰 뮐러Friedrich von Müller(1779~1849)가 남긴 글일 것이다. 거기에는 괴테가 "빛이 좀 더 들어올 수 있도록 창문을 하나 더 열어주게Macht doch den zweiten Fensterladen auf, damit mehr Licht hereinkomme"라고 말한 것으로 기록되어 있었다. 그런데 헤센 지역에 전해 내려오는 일화에 따르면 괴테가 마지막으로 남긴 말은 "베개가 비뚤어졌어Mer lischt de Kisse schief"였다고 한다. 즉 사투리가 너무 심했고, 그 때문에 앞부분의 두 단어를 잘못 해석하는 바람에 괴테의 유언이 "더 많은 빛을!"로 와전되었다는 것이다.

삼총사와 그림 형제

 하인리히 하이네의 〈한밤중의 단상〉은 독일의 멸망을 걱정한
작품이다?

하인리히 하이네Heinrich Heine(1797~1856)는 자신의 시 〈한밤
중의 단상Nachtgedanken〉의 첫 구절에서 "밤중에 독일을 생각하
면 잠을 이룰 수 없네Denk ich an Deutschland in der Nacht, Dann bin
ich um den Schlaf gebracht"라고 노래했다. 나라가 위기에 처했을
때마다 자주 인용되는 문구다. 그런데 이 시는 사실 독일의 멸
망을 걱정한 노래가 아니라 12년 동안이나 타향살이를 하던 하
이네가 조국과 어머니를 그리워하는 것이었다. 그러한 사실은
시를 읽어 내려갈수록 점점 더 분명해진다. 해당 시의 중간 부
분에서 하이네는 "독일은 영원히 존재하리라, 굳건한 나라이니

Deutschland hat ewigen Bestand, Es ist ein kerngesundes Land"라고 썼고, 나아가 "조국은 절대 멸망하지 않겠지만 늙은 어머니는 언젠가 세상을 떠나시겠지Das Vaterland wird nie verderben, Jedoch die alte Frau kann sterben"라고 노래했다. 그뿐 아니라 말미 부분에서는 "내 방 창문을 통해 프랑스의 청명한 햇빛이 부서지네Durch meine Fenster bricht Französisch heitres Tageslicht"라며 "독일에 관한 모든 근심die deutschen Sorgen"도 사라진다고 말했다.

 홈부르크 왕자는 순전히 하인리히 폰 클라이스트의 머릿속에서 탄생한 인물이다?

하인리히 폰 클라이스트Heinrich von Kleist(1777~1811)의 희곡 〈홈부르크의 프리드리히 왕자 혹은 페르벨린 전투Prinz Friedrich von Homburg oder die Schlacht bei Fehrbellin〉에서 홈부르크의 왕자는 상부의 명령을 어기고 단독 행위를 했다는 이유로 사형을 선고받는다. 실제로 1675년 스웨덴과 브란덴부르크 사이에 벌어진 페르벨린Fehrbellin 전투에서 헤센홈부르크의 영주 프리드리히 2세Friedrich II(1633~1708)가 상부의 명령 없이 단독으로 스웨덴 군대를 공격했다. 즉 홈부르크 왕자가 순전히 클라이스트의 머릿속에서 탄생한 인물은 아닌 것이다. 그런데 홈부르크의 영주는 전쟁에서 패하고 말았다. 그 당시 이미 마흔두 살의 나이였고, 결혼도 두 번이나 했으며, 수많은 자식들을 거느리고 있었고, 무엇보다 의족에 의지하고 있던 터여서 전쟁을 승리로 이끌 만한 능력이 없었던 것이다. 그럼에도 불구하고 헤센홈부르크의 선제후는 책임을 묻지 않았고, 덕분에 프리드리히 2세는 처벌을 피할 수 있었다.

 ## 《삼총사》는 알렉상드르 뒤마의 작품이다?

알렉상드르 뒤마^{Alexandre Dumas}(1802~1870)는 600편의 소설을 쓴 프랑스의 위대한 작가이다. 그런데 당시 뒤마의 작품들은 대개 신문이나 잡지에 먼저 공개되었다가 나중에 다시 책으로 출간되곤 했는데, 뒤마 밑에서 일하는 작가가 여러 명이라는 사실은 공공연한 비밀이었다. 한창 바쁠 때에는 대필 작가를 70명이나 고용한 적도 있었다. 그중에서도 뒤마와 가장 가까운 이는 오귀스트 마케^{Auguste Maquet}(1813~1888)였다. 참고로《삼총사 ^{Les Trois Mousquetaires}》와《몬테크리스토 백작 ^{Le Comte de Monte-Cristo}》의 줄거리 대부분이 마케의 머리에서 나온 것이라고 한다.

'가죽 스타킹'은 쿠퍼가, 로빈슨 크루소는 디포가 지어낸 허구의 인물이다?

둘 다 실존 인물이다. 제임스 페니모어 쿠퍼^{James Fenimore Cooper}(1789~1851)의 《가죽 스타킹 이야기^{Leather-stocking Tales}》의 모델은 서부의 개척자 대니얼 분^{Daniel Boone}(1734~1820)이었고, 대니얼 디포^{Daniel Defoe}(1660년경~1731)의 《로빈슨 크루소^{Robinson Crusoe}》는 스코틀랜드의 선원 알렉산더 셀커크^{Alexander Selkirk}(1676~1723)의 경험담을 바탕으로 한 작품이다. 참고로 셀커크는 1704년, 타고 있던 배가 크게 파손되면서 칠레의 후안 페르난데스^{Juan Fernández} 제도에서 조난을 당했고, 자의 반 타의 반으로 무인도 생활을 하다가 4년 만에 구출되었다.

 카를 마이는 미국 서부에 단 한 번도 간 적이 없다?

카를 마이^{Karl May}(1842~1912)는 독일 출신의 작가로, 미국 서부를 배경으로 한 소설 수십 편을 남겼다. 그런데 마이가 실제로는 서부에 한 번도 가본 적이 없다는 소문이 많지만, 그것은 사실이 아니다. 단, 마이가 처음으로 서부 땅을 밟은 것은 1908년의 일이었다. 《위니투^{Winnetou}》 시리즈와 '올드 섀터핸드^{Old Shatterhand}'라는 영웅이 이미 탄생한 뒤였던 것이다. 1908년 이

전에 발표된 작품들은 모두 문헌 자료에서 얻은 지식을 바탕으로 쓴 것들이다. 마이는 예컨대 수감 시절, 도서관에서 읽은 자료들에서 영감을 얻곤 했다고 고백했다. 참고로 마이는 1870년부터 1874년까지 도둑질과 사기 행각으로 감옥신세를 졌는데, 그런 '귀중한' 경험이 결국 흥미진진한 스토리로 승화된 것이다.

 '카를 마이 출판사'에서는 카를 마이의 원작들만 출간된다?

'카를 마이 출판사Karl May Verlag'는 1913년 탄생한 출판사로, 마이의 미망인과 그 이전까지 마이의 작품을 발간해온 출판업자가 공동으로 설립한 것이었다. 카를 마이 출판사는 '카를 마이 시리즈Karl May's Gesammelte Werke'라는 제목으로 수많은 작품들을 출간했는데, 그 과정에서 원작이 많이 훼손되었다. 각기 수천 쪽에 이르는 다섯 편의 방대한 작품들, 즉《들장미 Das Waldröschen》,《창기병의 사랑Die Liebe des Ulanen》,《잃어버린 아들Der Verlorene Sohn》,《독일의 심장, 독일의 영웅Deutsche Herzen, Deutsche Helden》,《행복으로 가는 길Der Weg zum Glück》을 여러 개로 쪼갰다가 비난을 사기도 했다. 다행히 지금은 다른 출판사들이 카를 마이의 작품을 원작 그대로 재출간하기 위해 노력을 기울이고 있다고 한다.

그림 형제는 독일 민간 동화들을 원본 그대로 보존했다?

　야코프 그림^{Jakob Grimm}(1785~1863)과 빌헬름 그림^{Wilhelm} ^{Grimm}(1786~1859)이 독일 민담 수집에 힘쓴 것은 사실이지만 원본 그대로 보존한 것은 아니었다. 이른바 '그림 동화'라 불리는 동화들의 원제는 '어린이와 가정을 위한 동화^{Kinder-und} ^{Hausmärchen}'인데 거기에 수록된 작품들 중에는 그림 형제의 상상력이 추가된 것들이 꽤 많았다. 이를테면 친모를 계모로 수정한다든가 임신하지 않은 여인이 아기를 가진 것처럼 꾸민다든가 하는 식이었다. 극도로 잔인하다 싶은 장면은 덜 잔인하게 수정하기도 했다. 참고로 그림 형제의 두 번째 이야기책인《독일전설^{Deutsche Sagen}》의 왜곡 정도는 그보다 더 심각했다. 여기저기서 수집한 이야기들을 임의로 짜깁기하는가 하면, 너무 현대적이다 싶은 이야기들은 옛이야기처럼 수정하기도 한 것이다.

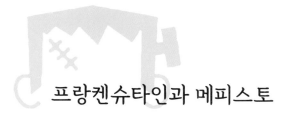

프랑켄슈타인과 메피스토

 프랑켄슈타인은 괴물이다?

영화 〈프랑켄슈타인〉에서 괴물 역을 맡은 배우는 보리스 카를로프Boris Karloff(1887~1969)였다. 하지만 카를로프가 연기한 괴물은 프랑켄슈타인이 아니었다. 그 괴물을 만든 박사의 이름이 프랑켄슈타인이었다. 한편, 〈프랑켄슈타인〉은 메리 셸리Mary Shelley(1797~1851)의 소설 《프랑켄슈타인》을 영화화한 것이었는데, 원작에 등장하는 빅터 프랑켄슈타인 남작은 잉골슈타트 대학에서 의학을 전공하는 학생으로, 원래 인조인간을 만들 계획이었으나 몇 차례 실험을 하던 중 결국 자신조차 통제할 수 없는 괴물을 탄생시키고 만다.

오스카 와일드는 도덕관념이 전혀 없었다?

오스카 와일드$^{Oscar\ Wilde}$(1854~1900)가 도덕 따위는 전혀 중요하게 여기지 않고 오로지 아름다움만 탐닉했다는 비난은 와일드를 잘 모르는 이들이 만들어낸 오해에 지나지 않는다. 그의 작품을 자세히 살펴보면 결국 핵심이 되는 사상이 도덕심이라는 것을 알 수 있기 때문이다. 장편 소설 《도리언 그레이의 초상 The Picture of Dorian Gray》에서 젊고 아름다운 청년 도리언 그레이도 악행을 저지른 대가로 결국 비참한 말로를 겪어야 했다. 그 외에도 권선징악적 내용을 담은 희곡들이 적지 않다. 그럼에도 불구하고 오늘날 많은 이들이 오스카 와일드를 윤리 의식이 희박한 유미주의자로만 기억하고 있는 것은 그가 남긴 수많은 독설이나 동성애자라는 사실 때문인 것으로 추정된다.

 ## 《오페라의 유령》은 파리 오페라 극장과는 무관하다?

가스통 르루$^{Gaston\ Leroux}$(1878~1927)의 대표작 《오페라의 유령 Le Fantôme de l'Opéra》의 배경이 된 공간, 즉 오페라의 유령이 살았다는 지하 세계는 지금 우리가 보기에는 너무나 비현실적으로만 느껴진다. 하지만 파리의 오페라 극장인 가르니에 궁 ^{Le} Palais Garnier의 지하는 실제로 미로 형태로 복잡하게 설계되어 있고 소설에 나오는 호수도 있다. 그 호수는 의상 보관실들과 세트 작업장 그리고 창고들의 아래편, 즉 지하층 중에서도 가장 아래쪽에 위치해 있는데, 지하수가 터지면서 자연스럽게 형성된 것이라고 한다.

'시누헤'는 미카 발타리가 지어낸 허구의 인물이다?

시누헤Sinuhe는 고대 이집트 시절에 이미 문학 작품에 등장했다. 기원전 1800년경 이집트에서 발간된 전기집 《시누헤 이야기The Story of Sinuhe》가 바로 그 작품인데, 거기에서 주인공 시누헤는 아메넴하트 1세Amenemhat I의 신하로 나온다. 그러다가 시누헤는 아메넴하트 1세가 암살된 뒤 시리아로 망명하는데, 그곳에서 부와 명예를 거머쥐지만 조국을 향한 그리움을 주체하지 못한다. 참고로 해당 작품은 1인칭 시점으로 되어 있고, 이집트 문명을 찬양하는 내용인데, 고대 이집트 문학의 탁월함을 증명하는 대표작 중 하나로 손꼽힌다. 한편, 핀란드 작가 미카 발타리Mika Waltari(1908~1979)가 쓴 《이집트인 시누헤Sinuhe the Egyptian》에서는 이크나톤의 재위 시절에 활동했던 시누헤라는 이름의 어느 의사가 주인공이다.

《메피스토》는 구스타프 그륀트겐스의 삶을 묘사한 작품이다?

클라우스 만^{Klaus Mann}(1906~1949)의 《메피스토^{Mephisto}》는 헨드리크 회프겐^{Hendrik Höfgen}이라는 연극인이 나치의 선전원으로 전락한다는 줄거리의 소설이다. 그런데 작품이 출간되자마자 클라우스 만이 자신의 매형인 구스타프 그륀트겐스^{Gustaf Gründgens}(1899~1963)를 모델로 삼았다는 소문이 돌았고, 그 때문에 1968~1981년 사이에는 출간이 금지되기도 했다. 그러나 그럼에도 불구하고《메피스토》는 실화 소설이 아니라 기회주의를 고발하는 허구적 소설로 분류해야 한다. 나치 시절은 그륀트겐스가 이미 망명을 떠난 뒤이고, 이에 따라 그 시기 그의 행적을 알 수 없기 때문이다. 참고로 그륀트겐스는 한때 인기 배우였다가 나중에는 국립극장의 대표 직까지 오른 인물이지만, 정치적 행정을 증명하는 자료는 전혀 남아 있지 않기 때문에 회프겐이 그륀트겐스라는 논란은 결국 100퍼센트 입증되기가 어려울 듯하다.

 에니드 블라이튼의 소설에 등장하는 쌍둥이 자매의 이름은 한니와 난니이다?

영국의 유명 아동문학가 에니드 블라이튼^{Enid Blyton}(1897~

1968)의 시리즈 동화《세인트 클레어^{St. Clare's}》에 등장하는 쌍둥이 자매의 이름은 퍼트리샤 오설리번^{Patricia O'Sullivan}과 이사벨 오설리번^{Isabel O'Sullivan}이다. 독일어로 번역하는 과정에서 퍼트리샤가 한니^{Hanni}로, 이사벨이 난니^{Nanni}로 둔갑한 것이다. 참고로《세인트 클레어》시리즈는 총 6권으로 되어 있다. 그와 유사한 작품인《말로리 타워스^{Malory Towers}》시리즈 역시 총 6권으로 되어 있는데, 주인공 대럴 리버스^{Darrel Rivers}가 말로리 타워스 기숙 학교에서 보낸 6년간을 묘사한 것으로 각 권이 한 학년씩 구성되어 있다. 한편, 블라이튼은 각 시리즈들의 후속편을 다른 작가가 이어 써도 좋다는 유언을 남겼고, 그 덕분에《세인트 클레어》와《말로리 타워스》시리즈는 각기 6권에서 끝나지 않고 계속 이어졌다.

 선집과 전집은 동의어이다?

선집^{Selected Works}은 특정 작가의 작품 중 일부를 모아서 엮은 것으로, 주로 최고의 작품들만 선정해서 출간되고, 그 과정에서 일부 작품들은 축약되기도 한다. 반면 전집^{Complete Works}은 한 작가의 작품을 생략이나 축약 없이 모두 모아서 출간한 것을 가리키는 말이다.

동화와 미로

 〈하멜른의 피리 부는 사나이〉는 순수 창작 동화이다?

〈하멜른의 피리 부는 사나이〉에서 피리 부는 사나이는 수많은 어린이들을 납치한 희대의 유괴범으로 등장한다. 그런데 이 이야기가 실화와 전혀 상관없는 순수 창작 동화는 아니다. 13세기에 실제로 하멜른Hameln에서 청소년들이 대거 이탈하는 사태가 일어났기 때문이다. 그 원인에 대해서는 학자들마다 의견이 다르다. 피리 부는 사나이가 하멜른의 청소년들을 브란덴부르크로 데려가서 살았다는 말도 있고, 1212년의 '어린이 십자군Crusade of the Children' 사건과 연관시키는 학자들도 있으며, 하멜른의 아이들이 1259년 제데뮌데Sedeümnde 전투에 동원되었다는 가설도 있다. 그중 가장 오래된 이론은 1284년 어느 일요일, 잘생기고 총명한 청년 하나가 130명의 '킨트^{kint}'를 데리고 사라졌는데, 그것이 유괴설로 와전되었다는 것이다. 즉 중세 독일어에서 '킨트^{kint}'는 젊은 남자나 여자를 뜻하는데, 이를 '어린이'를 뜻하는 '킨트^{Kind}'로 착각하는 바람에 동화 속에서는 피리 부는 사나이가 수많은 어린이들을 납치한 것으로 묘사되었다는 것이다.

 엘도라도는 원래 황금으로 된 도시를 뜻한다?

스페인어로 엘도라도$^{El\ Dorado}$는 '황금으로 된 무엇'이라는 뜻이다. 그런데 여기에서 말하는 그 '무엇'은 처음에는 도시가 아니라 온몸에 황금칠을 한 사나이였다. 17세기, 남미 대륙에 진출한 스페인 정복자들은 재미있는 정보를 입수했다. 새로 권좌에 오른 통치자의 몸에 황금가루를 섞은 페인트를 칠하는 부족이 있다는 소문을 들은 것이었다. 그 통치자는 온몸에 황금칠을 한 채 배를 타고 바다로 나가서 신들에게 진귀한 제물을 바치고, 그런 다음 몸에 묻은 황금가루를 씻어낸다고 했다. 그러고 나면 바다는 온통 황금빛으로 물들었다. 그런데 세월이 흐르면서 황금의 바다가 황금의 도시, 나아가 황금의 나라로 와전되면서 결국 오늘날 우리가 알고 있는 엘도라도의 전설로 발전되었다.

알리바바는 도적 떼의 수장이었다?

알리바바^{Ali Baba}는 원래 용감한 상인이었는데 어느 날 우연히 40인의 도적 떼가 보물을 보관해둔 동굴을 발견하게 되었다. 그로 인해 위험에 빠지게 되지만, 모르지아나^{Morgiana}라는 이름의 지혜로운 하녀 덕분에 도적들을 한 명씩 차례로 소탕하고 보물을 차지하게 된다. 참고로 〈알리바바와 40인의 도둑〉은 본디 시리아의 동화로, 유럽의 출판사들이 《천일야화》에 포함시킨 것이라고 한다.

 ## 번개무늬는 그리스 하천을 본뜬 것이다?

번개무늬^{meander pattern}는 우리 조상들이 석기 시대부터 애용했던 무늬이다. 그런데 본디 이 무늬는 그리스의 하천이 아니라 아나톨리아 서부 지방의 구불구불한 하천 '뷔위크 멘데레스^{Büyük Menderes}'를 본뜬 것이었다. 단, 지금의 번개무늬, 즉 직각 형태의 번개를 연속적으로 배치한 무늬는 그리스의 기하학 시대^{Geometrical Epoch}(BC 1050~700년경)에 발달된 것으로, 생명의 영원성과 지속성을 상징한다. 그때부터 번개무늬는 전형적인 그리스식 무늬로 인식되어왔고, 고전주의 양식^{Classical Style}과 앙피르 양식^{Empire Style}에서는 번개무늬라는 이름 대신 그리스식 무니라는 표현을 사용했다고 한다.

 ## 유니콘의 전설은 작가들의 머릿속에서 탄생했다?

유니콘^{unicorn}은 온순해 보이는 외모와는 달리 거칠고 민첩해서 좀처럼 붙잡을 수가 없다고 한다. 단, 순결한 처녀의 무릎을 베고 누우면 그 즉시 잠이 드는데, 그때가 바로 유니콘을 잡을 수 있는 절호의 기회이다. 유니콘을 둘러싼 각종 전설들은 중세 항해사들에게서 시작된 것으로 추정된다. 당시 항해사들은 북극 지방에서 뿔이 한 개밖에 없는 동물을 목격했다. 그 '현실 속 유니콘'은 육지가 아니라 바다에 사는 동물, 즉 일각고래^{narwhal}로, 일각고래의 뿔의 길이는 최대 3미터에 달한다고 한다.

 ## 고대에는 위대한 화가가 없었다?

조각 작품이나 건축물에 비해 고대의 그림은 거의 남아 있지 않지만, 그렇다고 그 시절에 위대한 화가가 없었던 것은 아니다. 그중 가장 유명한 화가는 콜로폰^{Kolophon} 출신의 궁정 화가 아펠레스^{Apelles}(BC 300년경 사망)였다. 그 당시의 문필가들은 아펠레스가 그린 그림들의 탁월한 구도와 우아한 인물들, 나아가 대

담한 음영 등을 찬미했고, 덕분에 아펠레스의 명성은 르네상스 시대까지 이어졌다. 또 다른 유명 화가로는 타소스^Thassos 출신의 폴리그노토스^Polygnotos(BC 5세기)를 꼽을 수 있는데, 전쟁 장면을 실물 크기에 가깝게 표현한 거대한 벽화들은 당시로서는 매우 혁신적인 것이었다. 한편, 제욱시스^Zeuxis(BC 5~4세기경)의 실력도 매우 뛰어나서, 그가 그린 포도를 향해 새들이 날아들 정도였다고 한다.

 ## 미로와 미궁은 같은 말이다?

미로^labyrinth와 미궁^maze은 혼동해서 사용되는 경우가 많은데, 미로는 복잡하게 꼬여 있기는 하되 중심까지 가는 길이 하나밖에 없고 중간에 막다른 길도 없는 길을 뜻하고, 미궁은 막다른 길이 많아서 수많은 시행착오를 거쳐야 비로소 중심부 혹은 입구에 도달할 수 있는 길을 뜻한다. 참고로 예전에는 미로의 중심부가 삶의 중심을 뜻했고, 이에 따라 구불구불 이어진 길은 곧 명상의 과정을 의미했다. 중세 교회들 가운데 미로 형태로 되어 있는 곳이 많은 것도 그 때문이라고 한다.

모나리자와 미켈란젤로

〈모나리자〉의 모델은 리사 델 조콘도였다?

레오나르도 다빈치Leonardo da Vinci(1452~1519)의 〈모나리자〉 속에서 신비로운 미소를 짓고 있는 여인의 정체를 둘러싼 의문은 수백 년 동안 예술사가들을 괴롭혀왔다. 그러던 중 이탈리아의 예술사학자이자 화가인 조르조 바사리Giorgio Vasari(1511~1574)가 리사 델 조콘도Lisa del Giocondo를 가장 유력한 후보로 지목했다. 거상의 아내였던 리사 델 조콘도의 처녀 적 성은 게라르디니Gherardini였는데, 다빈치가 남긴 그녀의 초상화를 프랑스 황실에서 구입할 정도로 아름다웠다고 한다. 그런데 세월이 지나면서 새로운 후보가 등장했다. 잔 갈레아초 스포르차Gian Galeazzo Sforza(1469~1494) 공작의 아내였던 아라공의 이사벨라Isabella of

^{Aragon}(1470~1524)가 바로 그 주인공인데, 요즘 학자들 사이에서는 아라공의 이사벨라가 〈모나리자〉의 실제 모델이었을 가능성에 더 무게가 실리고 있다고 한다.

 천재 화가만 그림 속 인물이 관찰자를 응시하는 듯한 초상화를 그릴 수 있다?

어떤 각도에서 바라봐도 모나리자는 관객을 똑바로 쳐다본다. 그런데 문외한들이 보기에는 신기하기 짝이 없을지 몰라도, 그 뒤에는 그 어떤 특별한 마술도 숨어 있지 않다. 레오나르도 다빈치 같은 천재 화가만이 그런 작품을 그릴 수 있는 것도 아니다. 사실 그 뒤에 숨은 트릭은 알고 보면 간단하기 짝이 없다. 초상화 속 인물의 두 눈 중 하나가 그림의 수직 방향 중앙선 위에 놓여 있으면 되는 것이다.

 시스티나 예배당은 미켈란젤로의 작품이다?

미켈란젤로 부오나로티^{Michelangelo Buonarroti}(1475~1564)가 시스티나 예배당에 그린 프레스코화들은 이제 모르는 이가 없을 정도로 유명해졌다. 그 때문에 시스티나 예배당이 곧 미켈란젤로의 작품인 것으로 착각하는 사람도 많은데, 사실 시스티나 예배당의 건축에는 미켈란젤로 이외에도 다수의 예술가들이 참가했다. 설계는 조각가이자 건축가인 바치오 폰텔리Baccio Pontelli(1450~1492)가 담당했고, 설계도를 실물로 옮기는 작업은 교황의 전속 건축가인 조반니 데 돌치Giovannin de' Dolci가 지휘했다. 또한 측면의 벽들은 초기 르네상스 시대의 거장 산드로 보티첼리Sandro Botticelli(1452~1510년경), 피에트로 페루지노Pietro Perugino(1445~1523년경), 루카 시뇨렐리Luca Signorelli (1450~1523년경) 등이 그린 프레스코 벽화들이 장식했다. 하지만 그 모든 것들은 미켈란젤로의 천장화〈최후의 심판The Last Judgment〉에 가려 세간의 관심 밖으로 밀려나고 말았다.

 미켈란젤로에게 그림을 의뢰한 이는 교황 식스토 4세였다?

식스토 4세Sixtus IV(본명 프란체스코 델라 로베레Francesco della Rovere, 재임 1471~1484)가 시스티나 예배당의 건축을 지시했으며, 이에 따라 예배당의 이름도 교황의 이름을 따서 지어졌다. 측면 벽화들도 식스토 4세의 위촉에 따른 것이다. 하지만 미켈란젤로의 천장화는 식스토 4세의 명령에 따른 것이 아니다. 원래 식스토

4세는 밤하늘에 별이 빛나는 그림으로 천장을 장식하라고 했는데, 그의 조카인 율리오 2세^{Julius II}(본명 줄리아노 델라 로베레^{Giuliano della Rovere}, 재임 1503~1513)가 그 그림을 마음에 들어 하지 않았고, 결국 1508년 미켈란젤로에게 천장에 대형 프레스코화를 그려 달라고 의뢰한 것이다.

 미켈란젤로는 어두운 색을 좋아했다?

1979년 이전에 시스티나 예배당을 방문한 사람이라면 미켈란젤로가 어두운 황토색을 유독 좋아했다고 생각할 수 있겠지만, 사실은 다르다. 1999년 복원 작업을 거쳐 공개된 미켈란젤로의 작품은 예전과는 전혀 다른 모습이었다. 오랜 세월 쌓여온 촛불의 그을음과 먼지 더께를 벗겨내자 화려한 색채가 모습을 드러낸 것이다. 한편, 〈최후의 심판〉 속 인물들은 본디 대부분 나체였는데 미켈란젤로가 세상을 떠난 뒤 다른 화가가 옷을 입혔다. 다행히 복원 작업 때 덧칠된 부분 역시 원상태로 되돌려놓았지만, 해당 작업을 비판하는 이들도 적지 않다. 화가 자신이 직접 덧칠한 부분까지 제거했을 가능성이 높다는 이유 때문이다.

미켈란젤로는 유명한 화가였다?

미켈란젤로는 스스로를 조각가로 간주했다. 시스티나 예배당에서 작업하는 동안에도 자신은 화가가 아니라 조각가인데 왜 여기서 이런 작업을 하고 있어야 하는지 모르겠다며 푸념한 적이 한두 번이 아니라고 한다. 하지만 〈다비드 상^{Statue of David}〉도 뿔이 달린 〈모세 상^{Statue of Moses}〉도 창조주의 검지가 아담을 향해 뻗어 있는 〈최후의 심판〉만큼 큰 반향을 불러일으키지는 못했다. 참고로 미켈란젤로는 건축가로서도 두각을 나타냈다. 마니에리스모^{Manierismo}라 불리는 새로운 건축 양식을 구축했고, 산피에트로 성당의 건축에도 커다란 영향을 미쳤다. 하지만 건축가로서의 그의 업적은 오늘날 거의 알려지지 않았다.

 ## 라파엘로의 〈시스틴의 성모〉는 시스티나 예배당에 걸려 있다?

〈시스틴의 성모^{Sistine Madonna}〉는 시스티나 성당이 아닌 다른 곳에 전시되어 있고, 시스티나 예배당의 건축을 지시한 교황 식스토 4세가 라파엘로에게 해당 그림을 그려달라고 의뢰한 것도 아니었다. 율리오 2세가 피아첸차^{Piacenza}에 소재한 성 시스토 성당^{Chiesa di San Sisto}에 선물할 목적으로 라파엘로^{Raffaello}

Sanzio(1483~1520)에게 작품을 의뢰한 것이었다. 이후 1754년, 작센의 프리드리히 아우구스트 2세Friedrich August II(1696~1763)가 그 그림을 사들여 〈시스틴의 성모〉는 현재 드레스덴의 고대 거장 미술관Gemäldegalerie Alter Meister에 소장되어 있다.

회화와 조각

 엘 그레코는 스페인 출신의 화가이다?

엘 그레코$^{El\ Greco}$는 알려진 이름과는 달리 스페인이 아닌 그리스의 화가이다. 크레타 섬 출신인 엘 그레코의 본명은 도메니코스 테오토코폴로스$^{Domenikos\ Theotokopoulos}$(1541~1614)인데, 이탈리아를 거쳐 스페인의 톨레도^{Toledo}에 정착했고, 이후 엘 그레코라는 별명을 얻으면서 스페인 최고의 화가로 부상했다. 한편, 어두운 배경에 강렬한 색채를 대비시킨 엘 그레코의 화풍은 반反종교개혁 시대에 스페인의 신앙 정신이 어떠했는지를 잘 보여주는 전형적인 작품들로 평가되고 있다.

렘브란트의 〈야간 순찰대〉는 야간 순찰 대원들을 그린 그림
이다?

〈야간 순찰대^{De Nachtwacht, Nightwatch}〉가 하르멘스 반 라인 렘
브란트^{Harmensz van Rijn Rembrandt}(1606~1669)의 작품인 것은 분
명하다. 그런데 1911년 두꺼운 유약을 벗겨내기 전까지는 모두
들 그 그림이 밤에 순찰을 도는 대원들의 모습을 묘사한 것이라
믿었으나 유약을 벗겨내자 그 아래로 반짝이는 빛들이 모습을
드러냈다. 사실 렘브란트가 묘사한 것은 야간에 순찰을 도는 대
원들이 아니라 대낮에 한 자리에 모여 있는 암스테르담 민병 대
원들이었다. 하지만 그림 속 민병 대원들이 자신들의 모습을 무
단으로 도용한 것에 분노하는 바람에 해당 그림은 창고 신세를
지게 되면서, 창고 안에서 세월의 무게를 이기지 못해 퇴색된 것
이었다. 1891년, 네덜란드 암스테르담 국립미술관^{Rijksmuseum}
^{Amsterdam}이 유명해진 렘브란트의 그림을 창고에서 꺼내기로 결
정하면서, 당시 그림 상태로 미루어 '야간 순찰대'라는 제목을
붙인 것이었다.

〈호라티우스 형제들의 맹세〉는 고대 로마사 속 한 장면을 묘사한 그림이다?

〈호라티우스 형제들의 맹세Le Serment des Horaces〉는 신고전주의 양식의 대가 자크 루이 다비드Jacques Louis David(1748~1825)의 작품으로, 호라티우스 형제들이 조국을 위해 목숨을 바치겠다고 서약하는 장면을 그린 것이다. 그런데 해당 장면은 역사 속 한 장면이 아니라 화가 다비드의 순수 창작물이었다. 루이 16세Louis XVI(1754~1793)는 대중의 도덕심과 애국심을 고취하겠다는 취지에서 다비드에게 작품을 의뢰했고, 이에 다비드는 조국을 위해 모든 것을 바치는 영웅들의 모습을 묘사하고자 했다. 사실 고대 로마사에도 로마 왕국 호라티우스 가문의 세쌍둥이 형제들이 알바 왕국 쿠라티우스 가문의 세쌍둥이와 싸워 승리한다는 내용은 있지만, 호라티우스 형제가 조국을 위해 목숨을 바치기로 서약했다는 내용은 어디에도 나오지 않는다. 한편, 다비드는 자코뱅당Jacobin의 혁명과 나폴레옹 즉위 후 궁정 화가에 임명되었다고 한다.

'미니어처'는 사이즈가 작은 그림을 뜻하는 말이다?

'미니어처miniature'에는 두 가지 뜻이 있다. 하나는 서적 인쇄

술에서 말하는 미니어처이고, 다른 하나는 회화 분야에서 말하는 미니어처이다. 출판 분야에서 말하는 미니어처는 '작다'라는 뜻의 접두어 '미니$^{mini-}$'에서 온 말이 아니라 라틴어 '미니움$_{minium}$', 즉 납을 산화시켜 만든 선홍색 염료인 연단^{鉛丹}에서 유래된 말이다. 연단은 주로 책 속 삽화나 각 페이지의 테두리 장식 혹은 각 장^{章}의 첫 글자를 장식할 때 쓰였는데, 부분적으로 활용되었든 전체적으로 활용되었든 연단이 활용된 책은 모두 다 미니어처라 불렀다. 반면 회화 분야에서 말하는 미니어처는 16세기 프랑스와 네덜란드에서 유행했던 매우 작은 사이즈의 초상화를 의미한다.

그리스 조각가들은 여성의 조각상을 나체로만 제작했다?

기원전 330년경까지 그리스의 예술가들은 원칙적으로 남자는 알몸으로, 여자는 옷을 걸친 모습으로 묘사했다. 그러다가 위대한 미술가 프락시텔레스^{Praxiteles}(BC 390~330년경)가 〈크니도스의 아프로디테$^{Aphrodite\ of\ Knidos}$〉를 조각하면서 커다란 파장을 일으켰다. 상체는 훤히 드러낸 채 손으로 음부를 가리고 있는 모습이었다. 참고로 해당 조각상의 모각본^{replica}이 현재 바티칸의 미술관에 전시되어 있다. 한편, 프락시텔레스 이후에도 당대의 몇몇 예술가들이 여성을 전라^{全裸}의 모습으로 묘사했지만, 여인의 누드화나 누드 조각상이 본격적으로 유행한 것은 그보다 훨씬 뒤의 일이었고, 작품들의 모델도 실제 인물이 아니라 대개 신화나 전설 속 여인들이었다고 한다.

현재 남아 있는 그리스의 유명 조각상들은 모두 원본이다?

현재 남아 있는 그리스의 유명 조각상들 중 원본은 얼마 되지 않는다. 〈바르베리니의 목신^{Barberini Faun}〉이나 〈밀로의 비너스 Venus de Milo〉 등이 대표적인 원본들로, 전자는 뮌헨의 글립토 테크^{Glyptothek}에, 후자는 루브르 박물관에 전시되어 있다. 그런 몇몇 작품들을 제외한 나머지 조각상들은 로마나 에트루리아의 예술가들이 복제한 모작^{模作}들이다. 때문에 여러 개의 복제품이 동시에 존재하는 경우도 적지 않다. 그런가 하면 〈가시를 빼는 소년^{Boy with Thorn}〉처럼 복제될 때마다 모양이 조금씩 변형된 작품들도 있다.

진시황제秦始皇帝(BC 259~210)의 무덤을 지키는 테라코타 병사들은 틀을 이용해 대량으로 제작된 것이다. 즉 오늘날 부활절을 즈음해서 출시되는 토끼 모양의 초콜릿처럼 안쪽은 비워둔 채 몸통의 전면과 후면을 이어 붙인 것이다. 머리와 양손 역시 기본적으로는 틀을 이용해 본을 떴지만, 이후 병사들마다 머리의 방향과 손 모양이 서로 다르도록 일일이 따로 조립했다. 병마용 제작에 참가한 장인들은 또한 6000명의 실제 모델이 황릉皇陵을 지키고 있는 듯한 효과를 내기 위해 병사들의 표정이나 머리 모양, 갑옷에도 조금씩 변화를 주었다고 한다.

피라미드와 사원

세계 7대 불가사의는 시대를 불문하고 동일하다?

기원전 2세기 이래 전 세계적으로 일곱 개의 불가사의가 존재한다고 믿어왔고, 수많은 노력에도 불구하고 여덟 번째 불가사의는 찾아내지 못했다. 그런데 세계 7대 불가사의가 늘 동일했던 것은 아니다. 오늘날 '고대 7대 불가사의'라 하면 대개 이집트의 대피라미드, 바빌로니아의 공중 정원, 올림피아의 제우스상, 에페소스의 아르테미스 신전, 할리카르나소스의 영묘, 로도스의 거상 그리고 알렉산드리아의 파로스 등대를 일컫지만, 한때는 바빌론의 성벽이나 델로스 섬에 있는 아르테미스 제단, 키지코스 섬의 제우스 사원, 에크바타나의 키루스 궁전, 아메넴하트 3세의 미로, 로마의 콜로세움, 로마 시와 테베 시 등도 세계

7대 불가사의에 속했다고 한다.

세계 최대의 피라미드는 이집트에 있다?

세계에서 가장 큰 피라미드는 이집트가 아니라 멕시코에 있다. 멕시코시티에서 100킬로미터 정도 떨어진 작은 마을 촐룰라^{Cholula}에 있는 이 대형 피라미드는 아즈텍인들이 날개 달린 뱀의 형상을 한 신 케찰코아틀^{Quetzalcoatl}을 기리기 위해 쌓은 것이다. 이 피라미드가 잘 알려지지 않은 이유는 아직 발굴 작업이 완료되지 않은 데다 이집트의 피라미드에 비해 낮은 편이기 때문이다. 쿠푸 왕의 피라미드가 136미터 높이인 데 비해 촐룰라의 피라미드는 54미터밖에 되지 않는다. 대신 촐룰라의 피라미드는 바닥 면적이 훨씬 더 넓고, 이에 따라 총 부피는 쿠푸 피라미드보다 30퍼센트나 더 크다.

그리스 건축물과 조각상은 모두 흰색이다?

고전주의 시대가 시작되면서 고대 그리스 미술에 대한 관심이 높아졌고, 수많은 예술 애호가들이 그리스 예술에 열광했다. 그중 대표 주자는 독일의 고고학자 요한 요아힘 빙켈만^{Johann}

Joachim Winckelmann(1717~1768)이었다. 빙켈만은 "고귀한 단순함과 고요한 위대함edle Einfalt und stille Größe"이라는 표현으로 새하얀 그리스 신전과 조각상들을 찬양했다. 나아가 그리스 예술품들이 흰색으로만 되어 있지는 않다는 스코틀랜드 출신의 화가 제임스 스튜어트James Stuart (1713~1788)의 주장을 강력히 반박했다. 하지만 19세기 학자들은 스튜어트의 손을 들어주었다. 그리스 예술품들이 빨강과 파랑, 검은색, 하얀색, 황토색 등 다양한 색상으로 되어 있고, 황금이나 청동 장식이 포함된 경우도 많다는 사실을 밝혀낸 것이다.

 델포이의 아폴론 신전은 둥근 형태의 신전이다?

아폴론 신전을 소개하는 사진들을 보면 대개 둥근 모양의 우아한 사원 하나가 포함되어 있다. 톨로스Tholos라 부르는 이 사원은 파르나소스 산의 그림 같은 풍경을 배경으로 세 개의 도리아식 기둥이 하늘을 향해 솟아 있는 형태인데, 사실 이 사원은 기원전 5세기 혹은 4세기경에 테오도로스라는 건축가가 지은 것이다. 톨로스 사원은 아폴론 신전이 아니라 그 앞쪽에 있는 아테나 프로나이아 성역Athena Pronaia Sancturay에 속해 있다. 즉 이 사원을 거쳐 아폴론 신전으로 가게 되어 있는 것이다.

로마인들은 그리스의 예술을 표절했다?

처음에는 그랬다. 하지만 그 당시에도 완전히 베낀 것은 아니었고, 그리스식 요소들을 장식으로 사용하는 정도였다. 이를테면 건물 전체는 로마식의 탄탄한 벽돌로 구축하되 건물 전면만 그리스식으로 치장하는 식이었다. 그와 동시에 벽에서 약간 돌출된 형태의 장식용 기둥인 필라스터^{pilaster}와 이디큘^{aedicula}이라 불리는 독특한 형태의 창문 장식(그리스 사원의 정면과 닮은 형태였음)을 개발하기도 했다. 이후 황제 통치 기간 중에는 한 걸음 더 나아가 그리스인들조차도 제대로 알지 못했던 아치 형태의 건축 기술을 개발하면서 자신들만의 독자적인 건축 양식을 구축해나갔다.

갈라 플라키디아 영묘에는 갈라 플라키디아의 유해가 안치되어 있다?

이탈리아 북부의 고대 도시 라벤나^{Ravenna}를 방문한 이들에게 갈라 플라키디아 영묘^{Mausoleum of Galla Placidia}는 반드시 둘러봐야 할 곳으로 통한다. 진청색 바탕에 화려하게 수놓인 모자이크를 보는 순간 감탄사가 절로 나올 정도이기 때문이다. 그런데 십자 모양의 이 작은 건축물 내부에 425년부터 450년까지 라벤나를 통치했던 황녀 갈라 플라키디아의 유해는 안치되어 있지 않다. 사실 이 영묘는 무덤이 아니라 성인聖人 라우렌티우스 Laurentius를 기리는 기도실이었다.

성 아폴리나레 누오보 사원이 성 아폴리나레 사원보다 더 나중에 건축된 것이다?

라벤나에는 아폴리나리스Apollinaris를 기리는 사원이 두 개가 있다. 그중 하나는 성 아폴리나레 누오보Sant Apollinare Nuovo이고 나머지 하나는 성 아폴리나레 인 클라세Sant Apollinare in Classe인데, '새롭다'는 뜻의 '누오보'가 포함된 전자가 더 오래된 것이다. 성 아폴리나레 누오보는 520년경에 지어졌는데, 이는 항구 지역 클라세에 위치한 동명의 사원보다 몇십 년 앞선 것이었다. 참고로 성 아폴리나레 누오보의 본래 이름은 산살바토레San Salvatore 사원이었다. 하지만 856년, 성 아폴리나레 인 클라세에 안치 중이던 아폴리나리스의 유해를 좀 더 안전하게 보관하기 위해 이곳으로 옮겨오면서 성 아폴리나레 누오보 사원으로 변경되었다. 성 아폴리나레 누오보 사원은 무엇보다 관람객의 숨을 멎게 할 정도로 아름다운 모자이크 벽화들로 유명한데, 거기에는 아기 예수에게 예물을 바치는 동방박사들과 천사들 사이에 앉아 있는 성모와 예수, 예수가 행한 각종 기적의 모습 등이 아름답게 수놓여 있다.

성당과 궁전

슈파이어 대성당$^{Speyerer\ Dom}$의 정식 명칭은 '성모 마리아 및 성 슈테판 대성당$^{Domkirche\ St.\ Maria\ und\ St.\ Stephan}$'이다. 로마네스크 양식의 성당 중에서는 최대 규모를 자랑하는데, 1027년에 짓기 시작해 1125년에 완성되었으니 12세기의 건축물이라 볼 수도 있다. 하지만 슈파이어 대성당은 18세기에 와서야 오늘날의 모습을 갖추게 되었다. 1689년, 태양왕 루이 14세의 군대가 팔츠 계승 전쟁$^{War\ of\ the\ Palatine\ Succession}$ 중에 슈파이어 대성당을 파괴해버린 후 다행히 원래 모습에 가깝게 재건되기는 했지만, 1854년 복원 작업을 진행하는 과정에서 일부는 왜곡되었다. 장식이 거의 없어 소박했던 서쪽 외관이 네오로마네스크식 요소를 가미한 덕분에 원래보다 화려하고 요란한 모습으로 재탄생한 것이다.

 ## 쾰른 대성당은 세계 최대의 고딕 양식 성당이다?

교회나 대성당을 규모에 따라 순위를 매길 때 가장 중대한 기준은 높이이다. 그리고 그런 의미에서 쾰른 대성당$^{Kölner\ Dom}$은 세계 최대의 고딕 양식 성당이 아니다. 파리 북쪽 보베^{Beauvais} 시에 더 높이 치솟은 성당이 있기 때문이다. 쾰른 대성당의 높이는 43미터에 '불과'한 반면 보베 대성당은 48미터의 위용을 자랑한다. 그럼에도 불구하고 보베 대성당이 인지도가 낮은 이유는 불완전한 건축물이기 때문이다. 보베 대성당의 건축 담당자들은 붕괴 사고가 거듭 발생하자 공사를 아예 중단해버렸고, 그 결과 현재 보베 대성당은 앞쪽의 성가대석과 중간 부분의 좌우 날개 부분은 있지만 뒤쪽의 신도석은 없는 상태이다. 참고로 먼 곳에서 보베 대성당을 관찰하면 높이와 너비의 비례가 맞지 않아 조금은 기괴한 느낌마저 든다고 한다.

빅벤은 웨스트민스터 궁전에 있는 시계탑이다?

정확히 말해 빅벤^{Big Ben}은 웨스트민스터 궁전^{Palace of Westminster} 안 96미터 높이의 시계탑 내부에 달려 있는 무게 14톤의 종鐘을 가리키는 말이다. 빅벤과 시계가 설치되어 있는 탑의 공식 명칭은 성 스테판 타워^{St. Stephen Tower}이다. 참고로 빅벤이라는 별칭은 시계의 설계자인 에드먼드 베킷 데니슨^{Edmund Beckett Denison}(1816~1905)이 아니라 시계탑 공사 책임자였던 벤저민 홀 경^{Sir Benjamin Hall}(1802~1867)의 이름에서 유래되었다고 한다.

 ## 탄식의 다리 뒤에는 낭만적인 이야기가 숨어 있다?

'탄식의 다리^{Ponte dei Sospiri}'라는 이름 뒤에는 왠지 안타까운 사랑 이야기와 가슴 아픈 사연이 숨어 있을 것만 같지만, 베네치아의 대표적 관광상품이 된 이 교각은 사실 매우 끔찍하고 잔인한 스토리를 담고 있다. 탄식의 다리는 원래 베네치아 공화국의 청사라고 할 수 있는 두칼레 궁전^{Palazzo Ducale}과 죄수들을 수감하는 감옥을 잇는 다리였다. 두칼레 궁전에서 재판을 받은 죄수들이 무시무시한 고문실로 가기 위해 그 다리를 건너야 했던 것이다. 그러니 한숨이 나오지 않는 게 오히려 더 이상했을 것이다. 그런데 감옥에 들어갈 때보다 감옥에서 나올 때 죄수들은 더 큰 한숨을 내쉬었다고 한다. 감옥에서 나온다는 것은 곧 사형을 의미했기 때문이다. 참고로 베네치아 공화국은 산마르코 광장에 우뚝 서 있는 두 기둥 사이를 처형장으로 이용했다.

엘 에스코리알 궁전은 원래 왕궁으로 쓰일 목적으로 건축된 것이다?

스페인의 국왕 펠리페 2세^{Felipe II}(1527~1589)가 거처한 엘 에스코리알^{El Escorial} 궁전은 원래 수도원이자 왕실 묘지로 쓰일 예정이었다. 하지만 펠리페 2세는 마드리드에서 북서쪽으로 약 60킬로미터 떨어진 외딴 마을 엘 에스코리알에 자신의 거처와 집무실도 설치하기로 했다. 한편, 엘 에스코리알 대성당은 화려한 자태를 뽐내고 있지만, 그에 반해 수도승들의 거처는 장식을 철저히 배제한 채 엄격함과 절제미만을 바탕으로 건축되었다.

브란덴부르크 성문 위의 사두마차는 원래 서쪽을 바라보고 있었다?

브란덴부르크 성문 위의 청동 여신과 네 마리 말은 1807년 나폴레옹 보나파르트에게 뺏겼다가 1814년에 원위치로 복귀되었다. 참고로 여기에서 말하는 원위치는 서쪽이 아니라 동쪽이다. 그런데 50년 뒤쯤부터 청동 여신과 사두마차가 원래는 서쪽을 바라보고 있었는데 숙적인 프랑스에 등을 돌린 것이라는 소문이 돌기 시작했다. 하지만 브란덴부르크 문 위의 여신은 늘 동쪽을 바라보며 도심과 왕궁을 내려다보고 있었고, 한 번도 방향을 튼 적이 없다. 단, 여신의 '정체'는 바뀌었다. 원래는 평화의 여신 에이레네Eirene였는데 1814년 참나무 이파리로 둘러싸인 철십자를 추가하면서 승리의 여신 빅토리아Victoria로 바뀐 것이다.

 ## 수정궁은 매우 화려한 건축물이었다?

런던의 수정궁Crystal Palace은 1851년 제1회 만국 박람회가 개최된 곳이다. 수정궁이라는 이름으로 보나 행사의 중요도로 보나 어느 궁전보다 더 화려한 건물일 것 같지만, 사실 수정궁은 거대한 온실에 지나지 않았다. 당시 지어진 다른 건물들에 비해 건축 비용도 비교적 적게 투입되었고, 조립식 공법을 이용해 매우 짧은 기간에 최대한 높이 쌓아 올린 건물이었다. 그런데 관람객들은 햇빛을 그대로 투과시키는 투명한 외관에 감탄사를 터뜨렸다. 단, 강철과 유리를 하급 자재로 간주하던 몇몇 건축가들은 분노를 금치 못했다고 한다.

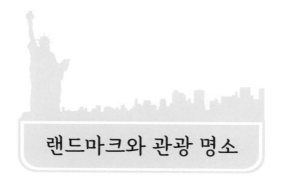

랜드마크와 관광 명소

 자유의 여신상은 뉴욕에 있다?

　자유의 여신상은 원래 1880년대 맨해튼 남부의 작은 섬에 세워졌다. 지금은 허드슨^{Hudson} 강과 이스트^{East} 강이 이어지는 진입로에 별 모양의 담장으로 둘러싸여 있다. 많은 이들이 자유의 여신상을 뉴욕의 상징이라고 생각하지만, 사실 리버티 섬은 위치상으로 뉴욕이 아니라 뉴저지 주에 속하고, 법적으로는 뉴저지의 땅이 아니라 연방 정부의 영토에 속한다.

　금문교는 황금으로 도금되어 있다?

　금문교^{Golden Gate Bridge}는 황금을 입혀서 금문교라 불리는 것이 아니라 골든게이트 해협^{Golden Gate Strait}에 위치해 있기 때문에 금문교라는 이름을 갖게 된 것이다. 도색 작업 시에는 철의 부식을 방지하기 위해 프라이머^{primer}라고 불리는 특수 도료를 사용했는데, 당시 사용된 색상의 명칭은 '인터내셔널 오렌지^{International Orange}'였다. 원래는 회색이나 금속성의 색상으로 다리를 칠할 계획이었고, 해군 측에서는 심지어 검은 바탕에 노란 줄을 긋자고 제안하기도 했지만, 다리의 장식과 도색을 담당했던 건축가 어빙 포스터 모로^{Irving Foster Morrow}(1884~1952)는 빛의 각도에 따라 황금빛 혹은 붉은빛으로 반짝이는 인터내셔널 오렌지 색상이 바다의 푸른빛과 가장 잘 어울린다고 판단했다.

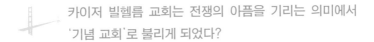

카이저 빌헬름 교회는 전쟁의 아픔을 기리는 의미에서 '기념 교회'로 불리게 되었다?

베를린 중심부에 위치한 카이저 빌헬름 교회의 정식 명칭은 '카이저 빌헬름 기념 교회^{Kaiser-Wilhelm-Gedächtniskirche}'이다. 하지만 제2차 대전의 아픔을 기리기 위해 '기념'이라는 말을 추가한 것은 아니다. 1891년, 빌헬름 2세가 건축을 지시할 때 이미 카이저 빌헬름 기념교회로 부르기로 결정되어 있었다. 빌헬름 2세는 할아버지인 빌헬름 1세를 기리기 위해 다양한 기념비와 건축물들을 세웠는데, 이 교회 역시 그러한 목적으로 지어진 것이다. 교회 내부의 모자이크들도 빌헬름 1세의 행적을 기리는 장면들로 채워져 있다. 하지만 카이저 빌헬름 기념 교회는 제2차 대전 당시 연합군의 폭격으로 상당 부분이 파괴되었고, 이후 독일 당국은 전쟁의 아픔을 기리는 의미에서 파손된 모습 그대로 보존하되 옛 건물 옆에 현대식 교회당과 탑을 추가하기로 결정했다.

하기아 소피아 대성당은 현재 회교 사원으로 활용되고 있다?

'신성한 지혜'를 뜻하는 '하기아 소피아^{Hagia Sophia}' 대성당은 1453년 투르크인들이 콘스탄티노폴리스를 정복한 뒤 한때 회교 사원으로 활용된 적이 있다. 오스만 제국의 저명한 건축가 시난^{Sinan}(1491~1578년경)이 네 개의 높고 가느다란 첨탑으로 하기아 소피아 사원의 둘레를 장식하기도 했다. 하지만 1934년, 터키 공화국의 창시자인 케말 아타튀르크^{Kemal Atatürk}(1881~1938)는 아야 소피아^{Aya Sophia}(하기아 소피아의 터키식 명칭)를 박물관으로 지정하며 그 안에서 이루어지는 종교 의식을 일체 금했다. 덕분에 한때 가림막 뒤로 숨어야 했던 비잔티움 양식의 모자이크와 벽화들도 다시금 모습을 드러낼 수 있게 되었다.

산피에트로 대성당은 세계에서 가장 큰 성당이다?

기네스북에 따르면 세계에서 가장 큰 성당은 바티칸의 산피에트로 대성당^{Basilica di San Pietro}이 아니라 코트디부아르의 야무수크로^{Yamoussoukro}에 있는 '평화의 노트르담 대성당^{Notre Dame de la Paix}'이라고 한다. 하지만 이 기록에 대해서는 의견이 분분하다. 산피에트로 성당의 지붕이 원래는 더 높은데, 야무수크로 성당에는 약 38미터 높이의 등이 달려 있어 그 덕분에 총 높이 158미터를 기록하며 높이 132.5미터인 산피에트로 성당을 앞질렀다는 것이다. 한편, 내부 면적을 비교해보면 야무수크로 성당이 1만 4300제곱미터로 1만 5100제곱미터인 산피에트로 성당보다 작다. 단, 야무수크로 성당을 둘러싸고 있는 십자 모양의 공간까지 포함할 경우, 야무수크로의 노트르담이 면적에서도 산피에트로 성당을 앞지르게 된다.

평화의 노트르담 대성당은 산피에트로 성당의 모조품이다?

코트디부아르 야무수크로에 있는 평화의 노트르담 대성당이 바티칸의 산피에트로 성당의 모조품이라는 비난은 오래전부터 있어왔다. 물론 건축가 피에르 파쿠리^{Pierre Fakhoury}(1943년 출생)가 평화의 노트르담 대성당을 건축할 당시 산피에트로 성당을 모델로 삼았다는 데에는 의심의 여지가 없지만, 그럼에도 불구하고 그대로 베꼈다고 비난할 수는 없을 듯싶다. 야무수크로 예배당 윗부분의 돔은 산피에트로 성당의 돔보다 규모는 더 크지만 돔을 지탱하고 있는 벽의 높이는 산피에트로 성당보다 더 낮고, 무엇보다 개방형, 십자형의 회랑으로 둘러싸여 있다는 점에서 큰 차이를 보이기 때문이다. 나아가 예배당 내부에 있는 둥근 아치 형태의 대형 유리창이나 그리스식 기둥들도 산피에트로 성당에선 찾아볼 수 없는 독특한 양식이다.

'바람의 궁전'은 왕궁이다?

일명 '바람의 궁전'이라 불리는 '하와 마할^{Hawa Mahal}'은 인도 북부에 위치한 자이푸르^{Jaipur} 시의 대표적 건축물이다. 하와 마할의 분홍빛 정면은 뛰어난 예술미를 자랑하는 격자 형태의 수많은 창들로 구성되어 있어 보는 이들의 시선을 단번에 사로잡는다. 그런데 방문객들이 놀랄 일은 따로 있다. 화려한 정면 뒤편에 계단밖에 없다는 사실이 바로 그것이다. 이는 하와 마할이 왕궁이 아니라 궁중의 부녀자들을 위해 건축된 것이기 때문이다. 즉 궁중의 부녀자들로 하여금 평민들에게 모습을 들키지 않은 채 거리에서 개최되는 각종 축제와 행렬을 관람할 수 있게 하려는 목적으로 만들어진 것이다.

신문과 영화

 퓰리처는 유능한 저널리스트였다?

퓰리처상은 언론 분야에서 뛰어난 공로를 세운 이들에게 시상하는 상으로, 조지프 퓰리처$^{Joseph\ Pulitzer}$(1847~1911)의 유언에 따라 제정된 것이다. 그런데 정작 퓰리처 자신이 기자로 일한 기간은 단 몇 년밖에 되지 않는다. 퓰리처의 본업은 다양한 신문의 발행인이자 여러 신문사의 소유주였다. 한때 퓰리처는 흥미 위주의 선정적 기사들과 카툰으로 경쟁자들을 따돌리고 필요하다면 조작도 서슴지 않는다는 이유로 황색 저널리즘$^{yellow\ journalism}$의 창시자라는 비난도 받았지만, 비리와 권력 남용을 철저히 고발하는 진정한 언론인의 면모도 갖추고 있었다. 하지만 쿠바 독립 전쟁 과정에서 과열 보도 논쟁이 불거진 이후 퓰리처는 여론을 부추기거나 대중을 호도하는 태도를 지양하기로 결심했으며, 나아가 대학의 신문학과 개설에도 적극 참여했다. 참고로 퓰리처상은 1917년에 제정되었다.

 영화와 관련된 가장 유명한 시상식은 '오스카 시상식'이다?

1929년 최초로 개최된 세계에서 가장 유명한 영화 관련 시상식의 정식 명칭은 '아카데미 메리트 상Academy Award of Merit' 이다. 미국 영화예술과학아카데미Academy of Motion Picture Arts & Sciences가 수여하는 이 상은 흔히 '오스카상Oscar Award'이라고 불리는데, 그러한 별칭은 1931년 영화예술과학아카데미의 여직원이 트로피를 보고 자신의 삼촌인 오스카 아저씨와 닮았다고 한 데에서 비롯되었다. 참고로 수상자들에게 수여되는 트로피는 전체가 순금으로 되어 있는 것이 아니라 외부만 도금한 것이라 하고, 시상식 주최 측은 "오스카의 주인공은…And the Oscar goes to…"이라는 말보다 "수상자는…The winner is…"이라는 시상 멘트를 더 선호한다고 한다.

타잔의 고함 소리는 조니 와이즈뮬러가 개발한 것이다?

"아아아~"라며 끊임없이 이어지는 타잔 특유의 고함 소리는 스튜디오에서 합성한 것이다. 그런데 누가 그 고함 소리의 원본을 제공했느냐를 둘러싸고 논란이 많다. 오스트리아-헝가리계의 미국 배우 조니 와이즈뮬러Johnny Weissmuller(1904~1984)도 자신이 그 목소리의 주인공이라고 주장했다. 와이즈뮬러는 청소년 시절 몇 차례나 요들송 대회에서 상을 받은 만큼 자신이야말로 타잔의 고함 소리의 주인공임을 강력히 피력했다. 실제로 타잔 시리즈에서 와이즈뮬러가 보여준 고함 소리가 매우 인상적이기는 했다. 하지만 결국 시청자들이 최종적으로 들은 고함 소리는 낙타의 울음소리와 하이에나가 울부짖는 소리 그리고 바이올린 소리를 합성해서 만들어낸 소리였다.

 "당신의 눈동자에 건배를!"은 원래 대본에 적혀 있던 대사였다?

영화 〈카사블랑카Casablanca〉에서 남자 주인공 릭 역할을 맡은 험프리 보가트Humphrey Bogart(1899~1957)는 여자 주인공 일자 역을 맡은 잉그리드 버그먼Ingrid Bergman(1915~1982)에게 "당신의 눈동자에 건배를!Here's looking at you, kid!"이라는 감미로운 말을 건넨다. 그런데 원래 대본에 적혀 있던 대사는 "당신에게 행운을!Here's good luck for you!"이었다고 한다. 많은 이들이 또 영화 속에서 릭이 피아노 연주자인 샘에게 "다시 한 번 연주해주게, 샘Play it again, Sam"이라고 말한 것으로 기억하고 있지만, 사실 그 대사는 영화에 나오지도 않았다. 영화 속 실제 대사는 릭이 아니라 일자가 오랜만에 샘을 찾아와서 "한 번 더 연주해줘요, 샘. 지난날을 기억하면서 말예요Play it once, Sam. For old times' sake"였다.

 마를레네 디트리히는 〈푸른 천사〉에서 천사 역을 맡았다?

영화 〈푸른 천사Der blauer Engel〉가 마를레네 디트리히Marlene Dietrich(1901~1992)의 출세작이었다는 점에 대해서는 의심의 여지가 없다. 하지만 거기서 디트리히가 맡은 역할은 천사가 아니라 '롤라 롤라Lola Lola'라는 이름의 댄서였다. '푸른 천사'는 노교수와 댄서의 만남이 이루어지는 클럽의 이름이다. 영화에서도 그랬고, 하인리히 만Heinrich Mann(1871~1950)의 원작 소설 《운라트 교수Professor Unrat》에서도 푸른 천사는 클럽의 이름이었다. 참고로 하인리히 만의 소설에서는 댄서의 이름이 롤라 롤라가 아니라 로자 프뢸리히Rosa Fröhlich였고, 클럽 이름은 작가가 자주 찾았던 '황금 천사Goldener Engel'라는 클럽의 이름에서 유래한 것이다. 한편, 1948년부터는 하인리히 만의 소설도 '푸른 천사'라는 제목으로 출간되고 있다.

 존 웨인은 그 당시 카우보이들의 전형적인 모습을 연기했다?

서부 개척 당시에 카우보이는 선망의 대상이 아니라 일감을 찾지 못한 이들이 마지막으로 택하는 직업이었다. 부랑자나 전과자 혹은 가난해서 교육을 전혀 받지 못한 이들이 카우보이가 되었는데, 전체 카우보이들 중 3분의 1은 멕시코인이었고, 6분의 1은 흑인이었다. 뿐만 아니라 카우보이들은 대부분 말을 탈 줄 몰랐다. 카우보이들의 사망 원인 1위가 낙마인 것도 그 때문이었다. 총을 다룰 줄 아는 카우보이도 극히 드물었고, 그런 만큼 총을 소지한 이들도 거의 없었다. 사실 총을 쏘아봤자 소들에게 충격만 줄 뿐이니 총기 사용법을 배울 필요조차 없었다. 존 웨인John Wayne(본명은 매리언 마이클 모리슨Marion Michael Morrison, 1907~1979) 역시 개인적으로는 명사수와는 거리가 멀었고, 승마도 극도로 싫어했다고 한다.

스타와 캐릭터

메릴린 먼로는 금발, 엘비스 프레슬리는 흑발이었다?

메릴린 먼로^{Marylin Monroe}(본명은 노마 진 베이커^{Norma Jean Baker,} 1926~1962)의 머리는 원래 갈색인데 과산화수소를 이용해 금발로 탈색한 것이었다. 먼로는 또 다이어트로 군살을 뺐고, 코와 턱은 성형 수술을 받았으며, 속옷 안에 고무를 넣어서 아름다운 가슴 라인을 조작했다. 목소리와 제스처도 할리우드에 걸맞게 훈련했다. 한편, 엘비스 프레슬리^{Elvis Presley}(1935~1977)의 검은 머리도 염색한 것이었다. 참고로 엘비스는 독특한 헤어스타일로도 유명한데, 할리우드의 유명 배우 토니 커티스^{Tony Curtis}(본명은 버나드 슈워츠^{Bernard Schwartz,} 1925년 출생)를 닮고 싶어 그런 헤어스타일을 택했다고 한다.

엘리자베트 황후의 애칭은 '시씨'였다?

　오스트리아의 마지막 황후이자 비운의 황후인 엘리자베트 폰 비텔스바흐Elisabeth von Wittelsbach(1837~1898)는 '시씨Sissi'라는 애칭으로 더 잘 알려져 있다. 그녀를 모델로 한 3부작 영화 〈시씨〉 시리즈는 오스트리아 출신의 여배우 로미 슈나이더Romy Schneider(1938 ~1982)를 일약 스타덤에 올려놓는 계기가 되기도 했다. 그런데 엘리자베트 자신은 가운데의 s를 두 개가 아니라 한 개로만 썼다. 즉 '시씨Sissi'가 아니라 '시지Sisi'였던 것이다. 게다가 필적 감정사들은 첫 번째 S도 사실은 S가 아니라 L일 가능성이 높다고 말한다. 그 주장이 맞다면 빼어난 미색의 황후 엘리자베트의 애칭이 결국 '시씨'가 아니라 '리지Lisi'가 된다. 이 경우, 〈시씨〉 시리즈도 〈리지〉 시리즈로 제목을 바꾸어야 옳겠지만, 사실 바꾸지 않는다 해도 크게 문제 될 일은 아니다. 어차피 〈시씨〉 시리즈는 실화와는 거리가 멀었다.

 〈디너 포 원〉은 영국에서 제작한 프로그램이다?

　매년 한 해를 마감하는 마지막 날이면 독일 TV에는 〈디너 포 원Dinner for One〉이라는 단편 코미디가 방영된다. 등장인물은 단 두 명뿐이다. 90번째 생일을 맞은 여주인 소피Miss Sophie와 비숫한 연령대의 집사 제임스^{Butler James}가 방송 전체를 책임지는 것이다. 내용도 늘 똑같다. 여주인은 자신이 초대한 네 명의 손님이 이미 고인이 되었다는 사실을 모르고 있는 상태이고, 제임스는 집사 역할과 나머지 네 손님 역할까지 도맡는데 점점 술에 취해 이런저런 실수를 저지른다. 그런데 이 단막극은 제목도 영어로 되어 있고 내용도 영어로 진행되기 때문에 영국에서 제작한 프로그램으로 착각하기 쉽지만 어디까지나 독일에서 제작된 것이다. 그렇다고 영국인들이 이 단막극에 대해 전혀 모르고 있는 것은 아니다. 집사 역할의 프레디 프린턴^{Freddie Frinton}(본명은 프레더릭 쿠^{Frederic Coo}, 1909~1968)이 1950년대에 해당 코미디를 영국 무대에 올려 큰 성공을 거둔 적이 있기 때문이다. 또 다른 주인공인 메이 워든^{May Warden}(1891~1972)도 그 당시 가끔은 프린턴과 함께 무대에 섰다고 한다. 그러나 프린턴과 워든을 처음으로 카메라 앞에 세운 것은 독일의 방송사 NDR이었다. 참고로 현재 〈디너 포 원〉은 독일 TV에 가장 많이 방영되는 프로그램 중 하나이고, 스위스와 덴마크, 노르웨이, 남아프리카공화국 등에서도 연말이면 시청자들을 TV 앞으로 끌어들이고 있다. 미국과는 수출 계약에 실패했는데, 미국 측 담당자들이 〈디너 포 원〉 때문에 시청자들이 술을 너무 많이 마시게 될 것을 우려해 배급을 거부했다고 한다.

제1대 제임스 본드는 숀 코너리, 제2대 제임스 본드는 로저 무어이다?

1954년, 제임스 본드를 주인공으로 한 소설《카지노 로얄^{Casino Royale}》이 미국 TV쇼 도중에 연극 형식으로 방영된 적이 있다. 당시 제임스 본드 역할은 배리 넬슨^{Barry Nelson}(1920년 출생)이라는 배우가 맡았는데 시청자들의 반응은 시큰둥하기 짝이 없었다. 하지만 〈007-제임스 본드〉 시리즈는 그 이후부터 탄탄대로를 걷기 시작한다. 1962년 〈살인번호^{Dr. No}〉라는 제목으로 제1탄이 영화화되었고, 당시 제임스 본드 역할을 맡은 배우, 즉 제2대 제임스 본드는 숀 코너리^{Sean Connery}(1930년 출생)였다. 제작자들은 원래 캐리 그랜트^{Cary Grant}(1904~1986)를 염두에 두고 있었지만 출연료가 너무 비싸 포기할 수밖에 없었다. 제3대 본드는 〈여왕 폐하 대작전^{On Her Majesty's Secret Service}〉에 출연한 조지 라젠비^{George Lazenby}(1939년 출생)였고, 로저 무어^{Roger Moore}(1927년 출생)는 제4대 제임스 본드였다.

 시트콤은 소파에 앉아서 보는 코미디 프로그램이다?

시트콤^{sitcom}의 공간적 배경이 거실인 경우가 많은 것은 사실이고, 시청자들도 주로 소파에 앉아서 해당 프로그램을 시청하는 것으로 추측된다. 하지만 여기에서 말하는 '시트^{sit}'는 '앉다'라는 뜻이 아니라 '상황^{situation}'의 준말이다. 즉, 시트콤은 다양한 유머와 코믹한 상황들이 포함된 상황극$^{situation\ comedy}$을 의미하는 것이다.

미키 마우스와 도널드 덕은 월트 디즈니가 직접 만들어낸 캐릭터들이다?

도널드 덕을 주제로 한 최초의 만화 영화 시리즈를 만들어낸 인물이 디즈니사 소속의 찰스 앨프리드 탈리아페로$^{Charles\ Alfred\ Taliaferro}$(1905~1969)였던 것은 사실이다. 하지만 도널드 덕 주변의 나머지 캐릭터들을 창조한 것은 칼 바크스$^{Carl\ Barks}$(1901~2000)였다. 바크스도 한때 디즈니에서 일한 적이 있지만, '도널드 패밀리'를 본격적으로 창작한 것은 디즈니에서 퇴사한 뒤였다. 한편, 미키 마우스도 보기에 따라 월트 디즈니$^{Walt\ Disney}$(1901~1966)의 창작물이라 할 수도 있다. 어브 아이워크스$^{Ub\ Iwerks}$(1901~1971)에게 생쥐를 모델로 한 캐릭터를 제작해달라고 의뢰한 사람이 바로 월트 디즈니이기 때문이다. 하지만 그 생쥐 캐릭터에게 미키 마우스라는 '세례명'을 준 대모는 디즈니가 아니라 아내인 릴리언이었다. 월트 디즈니는 원래 그 생쥐를 모티머 마우스^{Mortimer Mouse}로 부르려고 했는데 그의 아내가 미키 마우스라는 이름을 제안한 것이었다.

 ## 바비 인형의 출생지는 미국이다?

세상에서 어쩌면 가장 유명한 인형일지도 모르는 인형 바비^{Barbie}의 출생지는 미국이 아니라 독일이다. 1955년, 스포츠나 연예 기사를 전문으로 다루던 일간지 《빌트^{Bild}》에 연재된 만화 캐릭터 하나가 릴리^{Lilli}라는 이름의 성인용 인형으로 재탄생했다. 그로부터 1년 뒤인 1956년, 장난감 회사 '마텔^{Mattel}'의 공동 창업자 루스 핸들러^{Ruth Handler}(1917~2002)가 우연히 릴리를 보게 되었고, 루스는 릴리를 딸 바버라에게 선물했다. 그 후 핸들러는 릴리 인형에 대한 저작권을 사들였고, 1959년에는 최초의 바비가 미국 시장에 선을 보이게 되었다. 참고로 전 세계 수많은 여자아이들이 한 번쯤은 갖고 싶어 하는 그 금발 인형의 본명은 바버라 밀리센트 로버츠^{Barbara Millicent Roberts}라고 한다.

산타클로스와
옥토버페스트

 산타클로스와 루돌프는 성 니콜라스에서 유래되었다?

성 니콜라스^{St. Nicholas}(655년 12월 6일 사망)는 오늘날 터키의 뎀레^{Demre} 지역에 해당되는 미라^{Myra}의 주교였다. 살아생전 수많은 선행을 남겼던 인물로, 전 세계 모든 아이들에게 희망을 주는 산타클로스 역시 성 니콜라스를 모델로 재탄생한 캐릭터이다. 그런데 루돌프 뒤에는 성 니콜라스가 아닌 다른 인물이 숨어 있다. 14세기, 이란의 코라산^{Khorasan}에 살았던 사리 살투크^{Sari Saltuk}라는 탁발 수도승이 그 주인공인데, 살투크 역시 성 니콜라스 주교만큼이나 자비심이 가득하고 아이들을 사랑하며 백성들로부터 존경받았다. 그러한 그의 인기를 반영하듯 살투크가 세상을 떠난 후 그를 주인공으로 한 판타지 소설들이 대거 등장했는데, 개중에는 살투크가 날개 달린 순록 앙카빌Ankabil를 타고 라플란드Lapland로 가서 불멸의 존재로 거듭났다는 내용이 있었다. 즉 살투크의 앙카빌이 '빨간 코 사슴 루돌프'로 발전한 것이다.

 ## 테디 베어의 고향은 미국이다?

복슬복슬한 털이 달린 봉제 곰 인형의 이름이 미국의 제26대 대통령 루스벨트Theodore Roosevelt(1858~1919)의 애칭에서 비롯되었다는 사실은 널리 알려져 있다. 하지만 테디 베어의 고향이 미국이 아니라 독일이라는 사실을 아는 사람은 그리 많지 않다. 테디 베어를 탄생시킨 첫 아이디어는 재단사 마르가레테 슈타이프Margarete Steiff(1847 ~1909)에게서 나왔다. 1880년, 재미 삼아 펠트felt로 코끼리 인형을 만들었는데, 그것이 대성공을 거둔 것이었다. 그러나 같은 소재로 곰 인형도 만들어보자고 제안한 것은 그녀의 조카인 리하르트 슈타이프Richard Steiff(1877~1939)였다. 즉 슈타이프의 제안 덕분에 1902년, '55PB(55센티미터 길이의 Plush Bear)'라는 이름을 달고 테디 베어가 처음으로 세상 빛을 보게 된 것이었다.

코카콜라가 산타클로스에게 처음으로 붉은 옷을 입혔다?

코카콜라 측에서는 그렇게 주장하고 싶어 할 것이다. 실제로 코카콜라는 1931년 '코카콜라 레드' 색상의 옷과 모자를 입은 산타클로스의 모습이 담긴 광고를 잡지에 내보냈다. 붉은 '작업복'에는 새하얀 털 장식이 달려 있었고, 발목까지 올라오는 장화를 신은 산타클로스의 코는 빨갛게 물들어 있었다. 하지만 북슬북슬한 수염을 단 채 껄껄 웃는 산타의 모습은 19세기부터 있어왔고, 흰 털 장식이 달린 붉은 작업복 역시 '미국 산타'들이 1920년부터 애용해온 아이템이라고 한다.

 아기 예수는 금발의 곱슬머리 소녀이다?

아기 예수는 우리 모두가 알고 있는 바로 그 모습, 즉 구유에 누워 있는 남자 아기이다. 하지만 뉘른베르크에서는 해마다 크리스마스 때가 되면 금발에 곱슬머리를 한 소녀 천사가 '크리스트 킨들Christ Kindl'이라는 이름을 달고 등장한다. 어린 나이에 세상을 떠난 딸을 그리워하던 어느 인형 제작자가 딸의 모습을 닮은 천사 인형을 만들기 시작했는데, 이후 많은 이들이 그 인형을 좋아하면서 '크리스트 킨들', 즉 '아기 예수'라는 별명을 붙여준 것이다. 결론적으로 크리스트 킨들은 아기 예수나 기독교와는 직접적인 상관이 없는 가상의 캐릭터라 할 수 있다.

 '옥토버페스트'는 10월에 시작된다?

세계적으로 유명한 뮌헨의 맥주 축제 옥토버페스트^{Oktoberfest}는 '10월의 축제'라는 의미이다. 그러나 옥토버페스트는 9월에 시작해서 10월 첫째 일요일에 종료된다. 옥토버페스트의 출발은 1810년 10월 17일, 훗날 왕위에 오른 황태자 루트비히 1세 Ludwig I(1786~1886)의 결혼식을 축하하기 위해 열린 경마 경기였다. 행사에서 기대 이상의 반응이 나오자 주최 측이 이듬해에 다시 농산물 전시회를 겸해 경마 경기를 개최했고, 그것이 전통이 되어 오늘날의 옥토버페스트로 발전한 것이다. 이후, 주최 측에서는 개최 기간을 몇 주 앞당겼는데, 축제 참가자들이 여름의 끝자락인 9월의 상쾌한 날씨를 즐길 수 있도록 하기 위한 배려였다고 한다.

 피크닉은 영국에서 시작되었다?

맑은 공기를 마시며 야외에서 식사를 하는 전통, 즉 피크닉 picnic이라는 전통을 누가 처음 시작했는지 정확히 알 순 없지만,

17~18세기 프랑스 귀족들 사이에 낭만주의가 유행하면서 시작된 것이라는 설이 유력하다. 마리 앙투아네트는 특히 고급스러운 목가적 분위기를 좋아했던 것으로 유명하다. 한편, 피크닉이라는 명칭도 17세기 말경부터 이미 사용되어왔는데, '간단한 것을 먹어라$^{pique-nique}$'라는 뜻의 프랑스어에서 온 말이라고 한다. 참고로 18세기 중반부터는 영국인들도 피크닉을 즐기기 시작했다고 한다.

 ## 게이샤는 모두 다 여자이다?

게이샤란 전통 음악이나 무용 등을 공연하며 손님들의 흥을 돋우는 일본의 기생을 가리키는 말이다. 그런데 최초의 게이샤들은 모두 남자였다. 여자 게이샤들은 17세기에 와서야 등장하는데, 참고로 그 당시 게이샤들은 매춘 행위를 할 수 없었다. 기존 매춘 여성들과의 경쟁을 방지하기 위한 조치였다. 그럼에도 불구하고 게이샤들은 자신들만의 독특하고도 미묘한 방식으로 손님들을 유혹했고, 수많은 게이샤들이 단골손님과 성관계를 맺었다. 그들은 수련에 들어가는 엄청난 비용을 감당하기 위해서는 몸을 팔 수밖에 없었다. 단, 아무나하고 잠자리를 갖지 않았고, 상대를 고를 때에도 매우 까다로웠다고 한다.

운동과 건강

 머리를 때리면 사고력이 향상된다?

헬싱키 대학의 연구진은 머리를 때리면 오히려 사고력이 감퇴된다고 주장했다. 두부頭部를 자주 가격당하는 권투 선수나 헤딩숏을 자주 하는 축구 선수들을 대상으로 실험한 결과, 충격 때문에 가벼운 뇌진탕이 일어날 수도 있고, 나아가 뇌에 미세한 금이 갈 수도 있다는 결론이 나온 것이다. 그와 더불어 기억력과 집중력, 사고력도 감퇴되는 것으로 드러났다. 다행히 가벼운 충격이나 피해는 금방 다시 회복된다고 하지만, 그럼에도 불구하고 연구진은 머리에 보호 장구를 착용할 것을 권했다. 헬멧만 착용한다면 그보다 더한 충격이 가해져도, 다시 말해 미식축구처럼 거친 몸싸움이 일어나는 종목일지라도 위와 같은 증상들이 나타나지 않았던 것이다.

 "건강한 신체에 건강한 정신이 깃든다"는 국민 체육을 고취시키는 말이다?

"건강한 신체에 건강한 정신이 깃든다$^{Mens\ sana\ in\ corpore}$ ^{sano}"는 로마의 풍자시인 유베날리스^{Juvenalis}(60~127년경)가 남긴 유명한 말이다. 그런데 유베날리스가 체육의 대중화를 염두에 두고 이런 말을 한 것은 아니었다. 그와는 정반대로, 모두들 운동에 지나치게 집착하는 현상을 비꼬려고 한 말이었다. 게다가 유베날리스는 "건강한 신체에 건강한 정신이 깃든다"라고 말하지도 않았다. 그가 남긴 말은 정확히 "건강한 신체에 건강한 정신까지 깃들면 더 바람직할 것이다$^{Orandum\ est,\ ut\ sit\ mens\ sana}$ $^{in\ corpore\ sano}$"였다. 그런데 그 말을 할 당시 유베날리스는 이미 머리는 텅 빈 채 근육만 단련하는 수많은 무리가 자신의 말에 결코 귀 기울이지 않을 것을 알고 있었다고 한다.

 모든 근육통의 원인은 젖산 과다 축적이다?

근육통이라 해서 모두 다 같은 것은 아니다. 근육통에도 여러 가지 종류가 있다. 그중 하나가 갑자기 무리한 운동을 했을 때 대사 물질인 젖산이 근육에 쌓이면서 일시적으로 통증을 느끼는 경우이다. 그럴 때에는 몸을 가볍게 계속 움직여 과잉 축적된 젖산을 분해해주어야 한다. 반면, 운동하는 도중에는 통증을 전혀 느끼지 못했는데 다음 날 자고 일어나니 몸 여기저기가 쑤시는 경우라면 지연성 근육통에 해당된다. 평소에 잘 쓰지 않던 근육을 갑자기 무리하게 쓴 탓에 근섬유에 미세한 파열이 생긴 것이다. 한편, 젖산 축적으로 인한 근육통일 경우에는 해당 근육을 조금씩 움직여주는 것이 통증 완화에 도움이 되지만, 지연성 근육통일 경우에는 반대로 충분한 휴식을 취해주어야 한다. 그래야 손상된 근섬유들이 회복될 수 있기 때문이다.

 탄수화물을 많이 섭취해야 근육이 강화된다?

탄수화물은 순간적으로 에너지를 공급해줄 뿐이고, 근육을 강화하려면 무엇보다 단백질을 많이 섭취해야 한다. 나아가 비타민 B와 철분, 아연, 엽산도 근육 단련에 도움이 된다고 한다.

 **처칠은 운동을 싫어했다?**

영국의 총리 윈스턴 처칠^{Winston Churchill}(1874~1965)은 장수의 비결이 무엇이냐는 질문에 "운동은 하지 않고 위스키만 마신 덕분^{No sports, only whiskey}"이라고 대답했다고 한다. 실제로 처칠이 그런 말을 했는지는 확인되지 않았지만, 만약 그렇다 하더라도 진담이 아니었을 공산이 크다. 크리켓과 골프, 수영과 펜싱을 좋아했고, 무엇보다 승마에 열광했기 때문이다. 처칠이 승마 애호가였다는 사실은 경기병^{輕騎兵} 연대에서 복무한 경력이나 폴로^{polo}를 즐겼다는 사실만 봐도 알 수 있다. 뿐만 아니라 처칠은 70세의 나이에도 말을 타고 여우 사냥에 나설 만큼 노익장을 과시하기도 했다.

 다윈은 강한 이들만이 살아남을 것이라고 경고했다?

우선, "강한 이들만 살아남을 것^{survival of the fittest}"이라는 말은 찰스 다윈^{Charles Darwin}(1809~1882)이 아니라 영국의 철학자 허버트 스펜서^{Herbert Spencer}(1820~1903)가 한 말이다. 그런데 스펜서가 말한 '피트^{fit}'는 '강하다'는 뜻이 아니었다. 진화생물학자들은 예전부터 가장 강한 동물이나 가장 힘센 동물이 아니라 주변 환경에 가장 잘 적응하는 동물이 살아남을 것이라고 주장해왔다. 즉 스펜서가 말한 '피트' 역시 '강하다'는 뜻이 아니라 '잘 적응하다'라는 뜻, 나아가 '강자생존'이 아니라 '적자생존'으로 해석해야 한다.

심장 근육은 고강도 트레이닝으로만 강화할 수 있다?

심장 근육을 강화하고 싶다면 매일 꾸준히 운동해야 한다. 하루에 10분씩 가벼운 운동을 하는 편이 일주일에 한 번 고강도 트레이닝을 하는 것보다 도움이 되고, 어쩌다 한 번씩 장거리를 조깅하는 것보다는 매일 짧은 거리를 산책하는 편이 더 낫다고 한다.

마라톤과 축구

 최초의 마라토너는 승전보를 전하기 위해 달렸다?

오늘날 올림픽의 대미를 장식하게 된 종목인 마라톤의 유래와 관련해서는 두 가지 이야기가 전해지고 있다. 그중 하나는 그리스의 역사가 헤로도토스^{Herodotos}(BC 485~425)의 기록에 따른 것인데, 기원전 490년 아테네는 페르시아 군대가 아테네의 도시 마라톤을 침략할 계획이라는 소식을 듣고 페이디피데스^{Pheidippides}라는 전령을 스파르타로 보냈다. 스파르타에 원군을 요청하려는 것이었다. 페이디피데스는 250킬로미터에 달하는 거리를 이틀 만에 주파했고, 스파르타 군대가 6일 뒤에나 도착할 것이라는 소식을 전하기 위해 다시 마라톤으로 달려왔다고 한다. 하지만 이 이야기의 진위 여부는 확인할 길이 없다. 마라톤과 관련된 또 다른 일화는 플루타르코스^{Ploutarchos}(45~125)와 루키아노스^{Lucianos}(120~180)의 책에 소개된 것들로, 마라톤 전투에서 승리한 아테네 군대가 승전보를 전하기 위해 아테네로 전령을 보냈고, 그 전령은 승전 소식을 전한 뒤 광장에서 그대로 쓰러져 사망했다는 내용이다.

 아테네와 마라톤 사이의 거리는 정확히 42.195킬로미터였다?

원래 아테네와 마라톤 사이의 거리는 약 40킬로미터이다. 근대 올림픽에서도 마라톤 종목 참가자들은 40킬로미터만 달리면 되었다. 하지만 1908년, 런던 올림픽의 주최자들은 마라토너들의 출발 지점은 윈저 성^{Windsor Castle}으로, 결승 지점은 주 경기장 내 왕실 관람석 바로 앞으로 정해야 한다며 우겼는데, 그 거리가 정확히 26마일하고도 385야드, 즉 42.195킬로미터였다. 참고로 1921년부터는 42.195킬로미터가 마라톤 경기의 공식 거리로 지정되었다.

 고대 그리스 4대 제전에는 운동선수들만 출전할 수 있었다?

고대 그리스에서는 네 종류의 대축제가 개최되었는데, 올림피아 Olympia, 피티아Pythia, 이스트미아 Isthmia, 네메아Nemea가 그 것이다. 그중 아폴론을 기념하기 위해 델포이에서 개최된 피티 아 제전에는 음악가나 시인들도 참여해 월계관을 놓고 치열한 경쟁을 벌였다. 한편, 1912년 스톡홀름 대회 때에도 피에르 드 쿠베르탱 남작Baron Pierre de Coubertin(1863~1937)의 제안으로 문필가와 건축가, 조각가, 화가, 음악가에게 총 18개의 금메달을 수여한 적이 있다. 재미있는 사실은 문학 종목의 금메달리스트 가 쿠베르탱 자신이었다는 점이다. 참고로 1948년까지 예술 종 목들이 포함된 올림픽 경기가 총 여섯 차례에 걸쳐 개최되었다 고 한다.

 축구는 노동자들의 스포츠였다?

축구는 19세기 영국의 젊은 대학생들 사이에서 큰 인기를 끌 며 오늘날 전 세계인들로부터 사랑받는 종목으로 발전했다. 현 대식 축구의 규정을 최초로 마련한 것도 케임브리지 대학의 학 생들이었다(1846). 이후 축구는 유럽 전역으로 확대되었고, 특 히 젊은 학생들이 둥근 공에 열광했다. '보루시아Borussia'나 '알 레마니아Alemannia' 같은 축구 클럽의 이름들도 당시 대학생들이 조직한 축구 모임에서 비롯된 것들이다. 하지만 1930년대 이후

노동자들 사이에서도 축구가 유행하기 시작했고, '둥근 가죽 공'을 차기 위해 점점 더 많은 모임들이 결성되었다. 노동자들 사이에서 축구가 큰 인기를 끈 데에는 무엇보다 '샬케 04^{Schalke 04}'의 선전이 큰 기여를 했다고 한다.

 독일은 지금까지 월드컵에서 세 차례밖에 우승하지 못했다?

역대 월드컵에서 독일은 총 여섯 차례에 걸쳐 우승 트로피를 차지했다. 1954, 1974, 1990년에는 남자 국가 대표 팀이 우승을 차지했고, 2003년에는 여자 대표 팀이 챔피언으로 등극했다. 2004년에는 U-19 여자 월드컵에서, 1981년에는 U-20 월드컵에서 각기 우승했다.

 파울을 당한 선수는 페널티 킥 실패율이 높다?

축구 경기를 중계하는 캐스터나 해설자들은 파울을 당한 선수가 페널티 킥을 차면 실축할 가능성이 높다는 말을 버릇처럼 입에 담곤 한다. 실제로 10~20년 전까지만 해도 파울을 당한 선수에겐 페널티 킥을 차게 하지 않는다는 것이 불문율이었다. 하지만 지금은 페널티 킥을 얻어낸 선수가 팀 내의 골잡이라면 군이 다른 선수가 페널티 킥을 차야 할 이유가 없다는 생각이 더 지배적이다. 참고로 파울 당한 선수의 페널티 킥 실패율이 더 높게 느껴지는 것은 아마도 날려버린 기회에 대한 아쉬움이 그만큼 크기 때문일 것이다. 하지만 실제로는 파울 당한 선수가 상대편의 골대를 출렁이게 만들 비율이 나머지 선수들의 평균 성공 확률보다 더 높다고 한다.

 여자 축구는 제2차 대전 이후에 시작되었다?

이누이트나 인디언 부족뿐 아니라 중세 유럽 여성들도 현대 축구와 비슷한 형태의 공놀이를 즐겼다. 더러는 부족 전체가, 혹은 마을 전체가 대항전을 벌이기도 했다. 영국의 중고등학교에서도 1863년부터 여학생들이 축구공을 차기 시작했고, 1895년에는 잉글랜드 북부와 잉글랜드 남부 사이에 '여자 축구 국가 대항전'이 펼쳐졌는데, 거기에서 북잉글랜드가 대승을 거두었다. 진정한 의미에서 최초의 국가 대항전이 벌어진 것은 1920년으로, 당시 영국이 프랑스를 누르고 트로피를 챙겼다. 한편, 제1차 대전 이후, 영국 각지에서 여자 축구 팀이 결성되었으며 주요 경기들의 경우 관객 수가 5만 명에 달하기도 했다. 하지만 아쉽게도 1921년, 영국에서는 여성들은 리그에 소속되어 경기를 펼칠 수 없다는 규정이 선포되었고, 이후 영국 여자 축구는 오랫동안 퇴보 일로를 걸었다. 참고로 독일은 1900년경부터 여자 축구가 시작되었지만, 독일축구협회[DFB]는 1970년에 와서야 여자 축구를 정식 종목으로 인정했다.

치어리더와 크리켓

 탁구는 중국에서 유래했다?

탁구는 18세기 후반 영국의 상류층이 즐기던 놀이에서 유래된 스포츠이다. 비가 와서 외출이 힘든 주말이면 특히 더 즐겼다고 하는데, '탁자 위에서 치는 테니스$^{table\ tennis}$'의 초기 형태는 지금에 비하면 매우 원시적이었다. 커다란 탁자 위에 기다란 끈하나를 팽팽하게 당긴 것이 오늘날로 치면 네트였고, 탁구공은 샴페인의 코르크 마개나 고무 재질의 둥근 물건이 대신했으며, 라켓은 담배 상자 뚜껑이나 프라이팬이었다. 간혹 배드민턴 라켓으로 탁구를 치는 경우도 있었다. 참고로 경기 규칙을 처음 등록한 것은 제임스 깁$^{James\ Gibb}$이라는 영국의 공학자였는데, 깁은 1901년 미국에 갔다가 셀룰로이드 공을 보고 탁구공으로 사용하면 좋겠다고 생각했다. 이후 깁은 두 사람이 공을 주고받을 때 나는 소리에서 착안해 해당 스포츠에 '핑퐁'이라는 이름을 붙였고, 나아가 그 이름에 대한 법적 권리도 취득했다.

치어리딩은 여성의 전유물이다?

최초의 치어리더들은 전부 다 남자였다. 1898년 미네소타 대학에서 최초의 치어리더 팀이 구성되었는데, 팀의 멤버들은 미리 연습한 동작으로 춤을 추며 관중의 흥을 돋우고 자기편 선수들의 사기를 진작시켰다. 여자들로 구성된 치어리더 팀은 1920년대부터 등장하기 시작했으며 이후 양성 간의 '분업'이 급속도로 정착되었다고 한다. 남학생들은 풋볼이나 아이스하키라는 종목을 선호하고 여학생들은 치어리딩이라는 종목을 선호하게 된 것이다.

크리켓은 전형적인 영국 스포츠다?

기록에 따르면 크리켓cricket을 처음 시작한 이들은 플랑드르 지방과 프랑스 북부의 직조공들이었다. 크리켓이라는 이름도 '막대기로 뒤를 쫓다with the stick chase'라는 뜻의 플라망어 '메트 데 크리크 케첸met de krik ketsen'에서 온 것이다. 이후 14세기 들어 크리켓이 영국으로 전파되었고, 영국인들은 이 스포츠를 다시 영국연방 소속 국가들에 전파했는데, 영국 본토보다 인기가 더 좋았다고 한다.

 테니스의 점수 매기기 방식은 영국에서 시작된 것이다?

유럽에서 십진법 이외의 단위나 계수법을 사용하는 것은 주로 영국인들이지만, 테니스의 점수 매기기 방식만큼은 프랑스인들의 작품이다. 근대 초기에 프랑스인들은 테니스를 치며 돈내기를 한 적이 많았고, 그러다 보니 동전으로 점수를 계산하는 방식이 자연스레 정착되었다. 당시 15수sou짜리 동전이 가장 작은 단위였는데, 동전이 한 개면 15수, 두 개면 30수, 세 개면 45수였던 것에서 오늘날의 스코어 계산법이 비롯된 것이다. 참고로 45가 40으로 바뀐 것에 대해서는 여러 가지 설이 많다. 아마도 발음상의 편의를 위해 뒷자리의 5를 생략한 것으로 추정된다. 한편, 13세기 프랑스의 수도사들이 처음 테니스를 고안할 당시에는 회랑의 천장도 코트의 일부로 간주되었다고 한다.

부메랑은 모두 다 제자리로 되돌아온다?

부메랑^{boomerang} 중에는 제자리로 돌아오지 않는 것도 있다. 작고 가벼운 놀이용 부메랑은 대개 제자리로 돌아오지만, 사냥용 부메랑은 처음 던진 곳으로 되돌아오지 않는다. 나아가 부메랑이 완만한 V자 형태로 굽어 있는 이유는 그편이 직선 형태일 때보다 더 멀리, 더 정확히, 더 강하게 목표물을 명중시킬 수 있기 때문이라고 한다. 참고로 사냥용 부메랑의 무게는 최대 2킬로그램까지 나가고, 최대 비거리는 200미터이다. 부메랑은 주로 오스트레일리아의 원주민들이 사용했으며, 몇몇 인디언 부족이나 고대 이집트인들도 부메랑을 다룰 줄 알았다 하고, 독일인들도 기원전 600년경 부메랑과 비슷한 도구를 사용했다고 한다.

 피트니스 트레이닝을 하면 체중이 줄어든다?

피트니스 트레이닝을 하면 근력이 강화되고 근육량이 늘어난다. 그런데 체지방이 분해되는 만큼 몸무게가 줄어들기는 하겠지만, 근육이 지방 조직보다 단위 면적당 무게가 더 나가기 때문에 피트니스 트레이닝으로 인해 체중이 오히려 증가할 수도 있다. 단, 지방이 근육으로 전환되므로 신체 각 부위의 사이즈는 확실히 줄어든다.

파에톤은 헬리오스의 아들로, 운전 실력이 형편없었다?

원래 그리스 신화에서 파에톤^{Phatēhon}(그리스어로 '빛나는'이라는 뜻)은 태양신 헬리오스^{Helios} 자신의 별칭이었다. 파에톤이 헬리오스의 아들이고, 아버지를 졸라 태양 마차를 몰다가 지구의 절반가량을 불태운 바람에, 결국 제우스의 벼락에 맞아 죽는다는 이야기는 오비디우스^{Ovidius}(BC 43~AD 18)의 책에서 처음 등장했다. 한편, 18세기에 '파에톤'이라는 이름을 단 마차가 한때 유행한 적이 있는데, 주인이 직접 마차를 몰고 하인은 뒷좌석에 탑승하는 구조로 되어 있었다. 아마도 헬리오스(아버지)가 직접 차를 몰고 파에톤(아들)은 얌전히 뒷좌석에 앉아 있으라는 취지로 그런 이름을 붙인 듯하지만, 당시 귀족층 자제들은 제작자의 의도를 깡그리 무시했다. 즉 자신들이 직접 마차를 몰았고, 나아가 여기저기에서 속도 경쟁을 벌이며 수많은 충돌 사고를 일으켰다.

언어와 어휘

💬 히브리어나 아랍어의 알파벳은 독일어나 영어의 알파벳과
뿌리가 다르다?

서유럽과 인도 사이에 위치해 있는 나라의 언어들은 모두 다
같은 알파벳에 뿌리를 두고 있다. 기원전 1200년경 페니키아인
들이 사용한 알파벳이 바로 그것인데, 페니키아어는 한 개의 기
호가 단어나 음절이 아니라 각각의 음소를 나타낸 최초의 문자
이기도 하다. 그런데 총 22개의 글자로 구성된 페니키아 알파벳
은 당시로는 분명 혁명적이었지만, 22개 모두가 자음이라는 단
점을 안고 있었다. 참고로 히브리어와 아랍어의 알파벳은 지금
도 자음으로만 구성되어 있다. 반면 그리스인들은 페니키아 알
파벳을 도입하는 과정에서 모음에 해당되는 글자들을 추가하고,

쓰는 방향도 왼쪽에서 오른쪽으로 전환했다.

🗨 독일은 예전에는 외래어를 사용하지 않았다?

범람하는 외래어로 인해 독일어가 훼손되고 있다는 비판은 독일 내에서 어제오늘 대두된 문제가 아니다. 외래어를 고유어로 대체하려는 노력도 꾸준히 이어져왔다. 독일에서는 필리프 폰 체젠^{Philipp von Zesen}(1619~1689)이라는 작가가 외래어 추방 운동에 앞장선 대표적 인물인데, 체젠은 예컨대 '순간^{Moment}'을 '눈 깜짝할 사이^{Augenblick}'로, '소풍^{Exkursion}'을 '밖으로의 비행^{Ausflug}'으로, '공화국^{Republik}'을 '자유 국가^{Freistaat}'로, '사원^{Tempel}'을 '신의 집^{Gotteshaus}' 등으로 교체했다. 체젠의 뒤를 이은 인물은 하인리히 캄페^{Heinrich Campe}(1746~1818)였다. 캄페는 예컨대 '식욕^{Appetit}'을 '먹고 싶은 욕구^{Esslust}'로, '대학^{Universität}'을 '고등학교^{Hochschule}'로, '논쟁^{Debatte}'을 '싸움 대화^{Streitgespräch}'로, '예언^{Prophezeiung}'을 '앞서 말함^{Voraussage}' 등으로 바꾸어놓았다. 그 외에도 여러 문필가와 언어학자들이 고유어의 보호를 위해 각고의 노력을 기울였고, 대중들도 그중 많은 부분을 수용했다. 반면, '전기^{Elektrizität}'를 '번개 불꽃 자극^{Blitzfeuererregung}', '군인^{Soldat}'을 '인간 도살자^{Menschenschlachter}',

'피라미드^{Pyramide}'를 '뾰족 건물^{Spitzgebäude}' 등으로 교체하려는 시도는 실패로 돌아갔다.

블랙 레터 서체는 금지된 서체이다?

1941년, 히틀러는 일명 블랙 레터$^{\text{black letter}}$라 불리는 글꼴들, 즉 중간에 꺾임이 많은 서체들의 사용을 금지하는 규정을 선포했다. 하지만 블랙 레터는 이후 다시 부활되어 지금도 널리 사용되고 있다. 블랙 레터에 속하는 글꼴들로는 원래 둥근 획을 여러 번 꺾어서 직선으로 표현하는 '프락투르^{Fraktur}'와 손으로 쓴 글씨 모양인 '쥐테를린^{Sütterlin}'이 대표적인데, 둘 다 고딕 시대에 둥그스름한 알파벳들을 뾰족하게 표현하기 시작하면서부터 생겨난 서체들이다. 그중 프락투르 폰트는 16세기 초에 개발되었고, 거기서 더 발전된 것이 지금도 많이 활용되고 있는 쿠렌트^{Kurrent} 서체이다. 참고로 쿠렌트 서체는 쥐테를린 서체와 매우 비슷해서 혼동하기 쉽고, 쥐테를린 서체는 베를린 출신의 예술가인 루트비히 쥐테를린$^{\text{Ludwig Sütterlin}}$(1865~1917)이 1911년 프로이센 교육부의 위촉을 받아 개발한 것이다.

언어철학자들에게 있어 언어적 한계는 곧 세상의 끝을 뜻한다고 해도 과언이 아니다. 세상 모든 사물, 모든 상태, 모든 감정을 표현하는 말이 당연히 존재해야 한다고 믿기 때문이다. 사실 어떤 사물이 존재하는데 이를 가리키는 단어가 없다는 것은 말이 안 된다. 하지만 실생활에서는 '이름 없는 사물'들이 적지 않다. 몇 년 전, 슈퍼마켓 계산대에 물건을 올려놓을 때 앞사람이 산 물건과 내가 산 물건을 구분하는 막대기의 이름을 물어보는 실험을 한 적이 있는데 그 물건의 정확한 명칭을 아는 사람이 아무도 없었다고 한다. 이렇듯 일상생활에서 자주 사용하지만 이름이 없거나 많은 이들이 이름을 알지 못하는 이유는 우리가 타인과의 대화에서 거론할 필요가 없는 물건들은 이름이 아니라 그림으로 머리에 저장하기 때문이라고 한다.

관용구와 비속어

'심한 수치'라는 뜻의 독일어 관용구는 원숭이와 관련 있다?

독일어로 '심한 수치'는 '아펜샨데Affenschande'라고 말한다. 누가 봐도 망신스러운 상황을 가리키는 말인데, '아페Affe'가 원숭이라는 뜻이기 때문에 많은 이들이 이 관용구가 원숭이와 관련 있다고 생각하지만, 사실은 그렇지 않다. 여기에서 말하는 '아펜Affen'은 '열려 있다offen'는 뜻의 옛 독일어 '아펜apen'이 변형된 것이다.

@#$% 관용구 속 '파페'는 '마분지'를 뜻한다?

독일어로 '파페Pappe'는 상자를 만들 때 쓰는 두꺼운 종이를 뜻하는데, 이 단어가 포함된 관용구가 여러 개 있다. 그런데 그런 관용구들에 등장하는 '파페'는 마분지가 아니라 이유식용으로 만든 걸쭉한 죽을 뜻한다. "그 남자는 파페로 되어 있지 않아 Er ist nicht von Pappe"도 '그 남자는 아이들이 먹는 죽처럼 물렁한 사람이 아니다'를 의미한다. 그런데 마분지를 뜻하는 단어 '파페'가 이유식을 뜻하는 '파페'와 연관이 아예 없는 것은 아니다. 밀가루를 쑨 풀죽으로 만든 얇은 종이를 여러 겹 이어 붙인 것이 결국 상자용 골판지이기 때문이다.

@#$% "목과 다리가 부러지길!"이라는 인사말은 말과 현실이 반대라는 미신에서 비롯되었다?

독일어로 "목과 다리가 부러지길!Hals- und Beinbruch!"이라는 말은 중대한 일을 앞둔 사람에게 행운을 빌어줄 때 쓰는 관용구이다. 물론 그 인사말을 건네는 사람들 중에는 실제로 상대방의 목과 다리가 부러지기를 바라는 사람도 있겠지만, 대개는 액땜 효과와 행운을 기원하는 의미에서 이런 인사말을 건넨다. 그런데 그 관용구의 유래는 불운을 빌어주면 행운이 온다는 미신이나, 진정 상대방이 실패하기를 바라는 고약한 마음과는 전혀 상관없다. 이 관용구는 '행운과 축복'을 기원하는 히브리어 '하즐

라카, 브라카$^{hazlachá\ brachá}$'에서 온 말이다. 즉 비슷한 발음을 고르다 보니 그러한 관용구가 탄생한 것이다.

⚑⁗⁗ '올레 카멜렌'에서 '카멜렌'은 '캐러멜'을 뜻한다?

사순절 즈음에 개최되는 대축제에 참가한 시민들은 가장행렬을 향해 "카멜레, 카멜레!$^{Kamelle,\ Kamelle!}$"를 외친다. 사탕을 더 달라는 뜻이다. 그런데 그 말이 '올레 카멜렌$^{olle\ Kamellen}$'이라는 관용구에서 비롯되었고, 그중 '카멜렌'은 '캐러멜'을 뜻한다고 알고 있는 이들이 많다. 그러나 '올레 카멜렌'에서 말하는 카멜렌은 캐러멜이 아니라 카밀러(캐모마일)^{chamomile}이다. 카밀러는 오래 보관하면 향이 날아가고 긴장 완화와 진정 작용 등의 효능도 감퇴되는 특성을 지니고 있다. 즉, 진부한 이야기, 귀에 딱지가 앉을 정도로 들어온 이야기를 뜻하는 관용구 '올레 카멜렌'이 거기서 기원한 것이다.

⚑⁗⁗ '치고이네르'는 '이동하는 사기꾼'의 줄임말이다?

'집시^{gypsy}'를 뜻하는 독일어 단어 '치고이네르^{Zigeuner}'가 '거주지를 옮겨 다니는 사기꾼$^{Ziehender\ Gauner}$'을 조금 변형해서 축약한 말이라고 생각하는 사람들이 많지만, 언어학자들은 치고이네르가 인도어나 페르시아어에 뿌리를 둔 말로 확신하고 있다. 집시의 출신지는 인도 북서부였던 것으로 추정되는데, 해당 지역에 거주하던 찬가르족^{Tschangar}이나 먼 옛날 인도에서 소아시아 지역으로 이동했던 아치간족^{Atzigan}에게서 '치고이네르'라는 이름이 비롯되었을 가능성이 높다는 것이다. 참고로 '치고이네르'가 음악이나 무용에 종사하는 예술가를 뜻하는 페르시아어 '치간치^{ciganch}'에서 파생되었을 가능성도 없지 않다고 한다. 즉 '집시'를 '거주지가 불안정한 사기꾼'의 줄임말로 보는 태도는 결국 인종 차별적 해석에 지나지 않는다.

@#$% '속물'은 타인을 깔보는 이들을 가리키는 말이다?

'속물^{snob}'의 어원에 대해 검색해보면 대개 영국 일류 대학에 얽힌 이야기가 나온다. 당시 대학 측에서는 응시생들의 출신을 구분하기 위해 평민 출신 자제들 이름 옆에는 '귀족 칭호가 없는$^{sine\ nobilitate}$(약자 s. nob.)'이라는 표식어를 써두었는데, 거기서 '속물'이라는 단어가 유래했다는 것이다. 하지만 스놉은 18세기부터 사용된 말로, 당시에는 구두 수선공을 의미했다. 어쩌다가 스놉이 구두 수선공을 칭하는 단어가 되었는지는 알 수 없

지만, 적어도 그 당시 구두 수선공들이 고상한 척하는 허풍쟁이
가 아니었던 것만큼은 분명하다.

⬤＃＄％ 예전에는 볼링 핀이 자녀와 맞먹을 만큼 소중한 물건이었다?

독일어 관용구 '아이와 볼링 핀을 데리고^{mit Kind und Kegel}'는
'가족들 전부를 데리고'를 뜻한다. 때문에 볼링 핀이 예전에는
자녀만큼이나 귀한 물건이었고, 어딘가로 떠날 때는 반드시 챙
겨야 할 물건 중 하나였다고 착각하는 이들이 많은데, 사실이 아
니다. 관련 학자들은 '케겔'이 지금은 볼링 핀이나 방망이를 뜻
하지만, 중세 후기에는 사생아를 뜻하는 단어였다고 말한다. 즉
본디 쓸모없이 방망이처럼 멍하니 서 있기만 하는 아이를 비난
하는 말이었던 케겔이 세월이 흐르면서 사생아를 비하하는 표
현으로 변한 것이다.

⬤＃＄％ '타불라 라사'는 '깨끗한 탁자'를 뜻한다?

인간이 태어날 때의 마음은 '백지상태^{tabula rasa}'와 같다고 한
다. 아기 때에는 마음이 백지처럼 깨끗한데, 커가면서 그 종이가
점점 낙서로 얼룩진다는 뜻이다. 그런데 '타불라^{tabula}'가 영어의

'탁자^{table}'와 비슷하다는 이유 때문에 '타불라 라사'가 '깨끗한 탁자'를 의미한다고 착각하는 이들이 많다. 하지만 고대 로마 시절에 타불라 라사는 이전에 새겨진 글씨들을 꼼꼼히 지워 다시 사용이 가능하게 만들어놓은 석판을 가리키는 말이었다. 사실 의미상으로만 따지자면 기존의 글씨들을 지운 석판이나 깨끗한 탁자나 비슷하다고 할 수 있지만, 어쨌든 '타불라 라사'에서 말하는 타불라는 탁자가 아니라 석판이다.

@#$% '아르슈'는 원래부터 비속어였다?

영어도 그렇지만 독일어에도 엉덩이를 가리키는 단어가 매우 많다. 그중 '아르슈^{Arsch}'는 남을 욕할 때 자주 쓰이는 까닭에 원래부터 비속어라 생각하는 이들이 많은데, 인도게르만어 '아르스^{ars}'에서 온 말일 뿐이다. 참고로 '포^{Po}' 혹은 '포포^{Popo}'도 엉덩이를 뜻하는 단어로, 이 두 단어의 어원은 '바닥'을 의미하는 라틴어 '포덱스^{podex}'이다. 하지만 어떤 이유에서인지 17세기 이후부터 아르슈 대신 포나 포포가 사람들의 입에 더 자주 오르내렸고, 지금도 많은 독일인들이 엉덩이를 지칭할 때 포나 포포를 더 많이 쓰고 있다.

종교와 철학

아담과 하와

🍎 천지 창조 엿샛날에 '아담'과 '하와'가 만들어졌다?

성경에는 창조에 관한 두 가지 이야기가 기록되어 있다. 첫 번째 이야기에서는 조물주가 총 일곱 날에 걸쳐 세상을 창조하는데 동물과 사람은 그중 엿샛날에 탄생한다. 그런데 이때 신의 형상을 본떠 남자와 여자를 만들었다고만 명시되어 있을 뿐, 이름은 등장하지 않는다. 반면 두 번째 이야기에서는 흙으로 아담을 만들었다고 나온다. 나아가 아담이 홀로 지내지 않도록 여자를 만들었고, 여자는 천국에서 추방된 뒤부터 하와라 불리게 되었다고 나온다.

아담의 첫 번째 아내는 릴리스였다?

유대인 신화에서 릴리스^{Lilith}는 남편의 말에 순종하지 않는다는 이유로 쫓겨난 아담의 첫 번째 아내이다. 성경에 두 가지 버전의 창조 이야기가 나오는 것도, 처음에는 아담에게 릴리스라는 이름의 동등한 지위의 아내가 있었으나 나중에 아담의 갈비뼈에서 두 번째 아내 하와가 창조되었기 때문으로 해석할 수도 있다. 릴리스는 페미니스트 신학자들이 자주 인용하는 이름이기도 하다. 하지만 하와 역시 아담에게 종속된 존재가 아니었다는 해석도 있다. 핀카스 라피데$^{Pinchas\ Lapide}$(1922~1997)를 비롯한 일련의 유대인 신학자들은 하와를 아담의 갈비뼈로 만들었다는 것은 번역의 오류이고, 정확히 말해 아담의 옆구리에서 창조되었고, 발끝이 아닌 몸체에서 나왔으므로 하와도 아담과 동등한 존재라 주장한다. 한편, 릴리스는 원래 메소포타미아 지역의 힘센 여자 괴물에서 유래한 것으로, 히브리어로는 '밤의 유령'이라는 뜻이다.

 선악과는 사과였다?

성경에는 원죄의 씨앗이 된 열매에 대해 눈이 밝아지는 열매, 즉 선과 악을 구분할 수 있게 해주는 열매라고만 나와 있을 뿐,

그 외 어떤 구체적인 설명도 없다. 나아가 하와가 아담을 유혹했다고 단정 지을 수도 없다. "여자가 그 열매를 따먹고 자기와 함께 있는 남편에게도 주매 그도 먹은지라"(창세기 3장 6절)라고만 나와 있기 때문이다. 그럼에도 불구하고 많은 이들이 그 비극의 씨앗을 사과라고 생각하게 된 것은 라틴어 성경 때문으로 추정된다. 라틴어의 '말룸malum'이 '사악함'이라는 뜻도 되지만 '사과'라는 뜻도 되기 때문이다. 혹은 그리스인들 사이에서 사과가 아프로디테의 상징으로 통하기 때문이었을 수도 있다. 어쨌든 성경에는 사과와 관련된 에피소드가 등장하지 않는다. 즉 선악과를 사과라고 착각하게 된 계기가 성경에서 비롯된 것은 분명 아니다.

🍎 '에덴'은 천국을 이르는 말이다?

'에덴Eden'은 고대 수메르어로 사막이나 스텝 지대steppe를 뜻한다. 즉 에덴이라는 말 자체가 성경에서 말하는 천국이 아니라 에덴 안의 정원이 천국인 것이다. 하지만 마르틴 루터가 에덴을 '에덴동산Garten Eden'으로 번역하면서부터 에덴이 곧 정원이요 천국이라는 잘못된 인식이 널리 퍼지고 말았다.

🍎 다윗이 골리앗을 죽였다?

사무엘기 상권 17장에 다윗이 거인 골리앗을 죽이는 장면이 나온다. 하지만 사무엘기 하권 21장 19절에는 "베들레헴 사람 야레오르김의 아들 엘하난은 가드 골리앗의 아우 라흐미를 죽였는데 그자의 창 자루는 베틀 채 같았더라"라고 나와 있다. 그런데 사무엘기 하권은 기원전 950년경에 기록되고 상권은 그보다 훨씬 뒤인 기원전 6세기에 나온 것이다. 이에 따라 성경학자들은 원래 골리앗을 죽인 인물은 엘하난Elchanan이었으나, 다윗이 '스타'로 부상하자 나중에 다윗의 공적으로 바꾸어 기록한 것으로 추측하고 있다.

🍎 모세의 머리에는 뿔이 나 있다?

미켈란젤로의 조각품을 비롯해 많은 미술 작품에서 모세는 뿔 달린 괴물로 묘사되었다. 악마들에게나 있는 뿔이 모세의 이마에도 달려 있었던 것이다. 하지만 성경 구절 어디에도 모세에게 뿔이 있다는 말은 없다. 한때 모세에게 뿔이 달려 있다고 여긴 이유는 4세기경 성경을 번역하는 과정에서 발생한 오류 때문이었다. 히브리어로 '빛이 나다'라는 단어는 '뿔이 달렸다'는 의미도 지니는데, 출애굽기에서 모세가 두 번째로 신에게서 십계명을 받는 장면에서 '얼굴에 빛이 난다'는 표현을 '뿔이 달렸다'로 잘못 옮긴 것이었다. 다행히 지금은 해당 오류가 정정되었고, 이로써 모세가 뿔 달린 괴물이라는 오해도 말끔히 해소되었다.

🍎 십계명 중 여섯 번째 계명은 "살인하지 말라"이다?

원래 십계명 중 다섯 번째 계명은 "법의 범위를 벗어나 살인을 저질러서는 안 된다"였는데, 번역 과정에서 '법의 범위를 벗어나'라는 부분이 누락되었다. 그러니까 적법한 살인, 즉 사형제도는 허용해주었던 것이다. 실제로 성경에도 사형 장면이 자주 등장한다. 한편, "눈에는 눈, 이에는 이"라는 법규에 대해서도 오해가 많은데, 사실 이 조항은 똑같이 보복하라는 뜻이 아니라 가해자가 피해자에게 합당한 보상을 해주어야 한다는 의미였다.

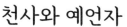

천사와 예언자

 선지자는 본디 앞날을 점치는 사람이었다?

성경 속 많은 선지자^{prophet}들이 뒤에 닥칠 재앙들을 예언한 바 있다. 하지만 그 예언들이 늘 적중한 것은 아니었다. 일례로, 요나^{Jonash}는 니느웨^{Niniveh}가 무너질 것이라 말했지만, 니느웨 사람들이 회개하는 바람에 요나의 예언은 빗나가고 말았다. 그런가 하면 아론^{Aaron}처럼 아무런 예언도 하지 않은 선지자도 있었다. 본디 성경 속 선지자들은 앞날을 내다보는 사람이라기보다는 신의 뜻을 해석하고 전달하는 사람, 혹은 위험을 경고하고 대중을 올바른 길로 이끄는 사람에 가까웠다. 하지만 그리스인들은 유대인 선지자들을 일종의 신탁^{oracle}, 즉 단순히 신의 계시를 전달하는 사람으로 해석하기 시작했고, 이후 그러한 사상은 널리 퍼져나갔다. 참고로 신약 성경에도 "선지자 누구누구를 통하여 말씀하신 바가 이루어졌다"라는 식의 구절이 많이 등장하는데, 그러한 구절들은 신약 성경 기록자들이 이미 그리스식 사고방식에 상당히 물들어 있었음을 증명한다.

 예루살렘은 유대인이 건설한 도시이다?

예루살렘은 고대 가나안^{Canaan} 땅에 거주하던 에부스족^{Jebusite}의 도시였는데, 이스라엘의 다윗 왕^{David}(재위 BC 1004~965)이 정복하면서 유대인의 땅이 되었다. 그전까지 유대인들은 영토 없이 떠돌아다니는 유목민이었다. 한편, 다윗 왕에게 정복당할 당시 이미 2000년의 역사를 자랑하던 예루살렘은 이전 세계에서 가장 오래된 도시 중 하나로 손꼽히고 있다. 참고로 예루살렘이라는 이름은 가나안 땅에 살던 민족들이 숭배하던 신 '샬림^{Schalim}'에서 유래한 것이다.

 바벨탑 이야기는 순전히 전설일 뿐이다?

유대인들이 바빌로니아에 포로로 잡혀간 적이 있다. 이른바 '바빌론 유수' 사건(BC 586~538)이 바로 그것인데, 그 당시 실제로 보는 이들을 아찔하게 만들 만큼 높은 탑이 완공되었다. '지구라트^{Ziggurat}' 형식, 즉 위로 올라갈수록 폭이 좁아지는 형태의 그 탑은 바빌로니아의 수호신인 마르두크^{Marduk}를 기리기 위해 지은 것으로, 높이가 100미터에 달했다. 그런데 탑의 공사에는 바빌로니아 사람들도 참가했겠지만 당시 포로로 잡혀 있던 유대인들 역시 동원되었을 공산이 매우 크다. 즉 언어 소통상의 문제가 발생할 수밖에 없었던 것이다. 혹은 그렇지 않다 하더라도 당시 바빌로니아는 다양한 문화가 혼재하는 거대한 상업 중심지였고, 그런 만큼 분명 서로 다른 언어가 충돌하는 사례도 빈번하게 발생했을 것이다.

 케루빔은 천사이다?

구약 성경에 등장하는 케루빔^{Cherubim}의 모습은 바빌로니아와 아시리아 신전 앞에 서 있던, 사람의 머리에 몸통에는 날개가 달린 수컷 소 조각상에 가깝다. 사무엘기 하권 제22장 11절의 "그룹(케루빔)을 타고 날으심이여 바람 날개 위에 나타나셨도다"라는 구절을 봐도 케루빔은 천사보다는 날개 달린 동물에 더 가깝다. 한편, 구약에 등장하는 천사들 중에는 날개 없는 천사들도 많았다. 즉 앞뒤 문맥을 잘라놓은 상태에서는 글 속의 주인공이 천사인지 아닌지를 판단하기 어려울 때가 많은 것이다. 참고로 모든 천사들이 날개 달린 모습으로 묘사되기 시작한 것은 4세기부터였다.

 신약 성경은 원래 히브리어로 기록되었다?

신약 성경은 본디 지중해 동쪽 지방에서 통용되던 헬라어로 기록되었다. 히브리어는 예수와 제자들이 활동하던 시기에는 더 이상 일상 언어로 사용되지 않았고, 의사소통은 대개 아람어로 이루어졌다. 참고로 성경이 본격적으로 보급된 것은 2세기경 로마 제국에서 라틴어 번역본이 나오면서부터였다.

 이사야는 예수가 숫처녀의 몸에서 태어날 것이라고 예언했다?

이사야서 제7장 14절에는 "보라 처녀가 잉태하여 아들을 낳을 것이요"라는 구절이 나온다. 히브리어로 된 성경에서는 그중 '처녀'에 해당되는 말이 '알마^{alma}'라고 되어 있는데, 알마는 숫처녀를 의미할 수도 있지만 일반적인 젊은 여인을 의미할 수도 있다. 예수가 '숫처녀'의 몸에서 태어났다는 의식이 널리 퍼진 것은 신약 성경의 4대 복음서에서 해당 단어를 그리스어 '파르테노스^{parthénos}'로 기록하면서부터였다.

 복음서는 네 개밖에 없다?

일반적으로 '복음서^{Evangelium}'라 하면 마태, 누가, 마가, 요한이 기록한 네 권을 지칭한다. 해당 복음서들은 '정경 복음^{Canonical Gospels}'이라 하여, 교단에서 정식 문서로 인정도 받았다. 그런데 신빙성이 떨어진다는 이유로 정경^{Canon}에서 제외된 문서들이 있는데, 이를 외경^{Apocrypha}이라 부른다. 외경에 속하는 복음서들로는 야고보의 원복음서^{Protevangelium of James}, 도마의 유년기 복음서^{Infancy Gospel of Thomas}, 의사 마태 복음서^{Gospel of Pseudo-Matthew} 등이 있다. 참고로 예수가 세상을 구원하러 왔을 때 소와 나귀가 경배했다는 이야기나 예수의 어린 시절 이야기, 마리아가 처녀의 몸이고 요셉이 나이가 아주 많았다는 이야기 등은 모두 다 외경에서 나온 것들이다.

크리스마스와 예수

 기독교 창시자의 이름은 '예수 그리스도'이다?

'예수 Jesus'는 그리스식 표현이고, 원래 이름은 요수아 Josua 혹은 예슈아 Jeschua로, '구원받다'라는 뜻이다. 한편, '그리스도 Christ'라는 호칭은 예수 사망 후에 붙인 것인데, 이 역시 그리스어이고, '기름 부음을 받은 자'라는 뜻이다. 참고로 해당 단어를 히브리어로는 '마시아 masiah'라고 한다.

 예수가 태어난 해는 0년이다?

0년에는 아무도 태어나지 않았다. 왜냐하면 고대 로마의 계수법에 0이라는 숫자가 아예 없었기 때문이다. 그런데 6세기에 디오니시우스 엑시구우스^{Dionysius Exiguus}(470~540년경)라는 성직자가 새로운 연도 계산법을 도입했다. 그 계산법에 따르면 예수의 출생 연도가 753년이 되었다. 즉 로마 건국 시점을 첫해로 봤을 때 753번째 해에 예수가 태어난 것이었다. 엑시구우스는 해당 연도를 '서기^{AD, Anno Domini} 1년'으로 결정했다. 이후, 해당 연도를 기준으로 연도를 거슬러 올라가는 계산법, 즉 '기원전^{BC, Before Christ}'이라는 개념이 도입되었다. 하지만 0년은 여전히 존재하지 않는다. 즉 기원전 1년의 다음 해가 0년이 아니라 서기 1년이 되는 것이다. 참고로 20세기가 1901년 1월 1일에 시작되고 21세기는 2001년 1월 1일에 시작되는 것도 해당 원리에서 비롯된 것이다.

 예수는 기원전 7년에 태어났다?

많은 이들이 별들을 단서 삼아 예수가 태어난 해를 계산하려고 애썼다. 중세의 천문학자 요하네스 케플러^{Johannes Kepler}(1571~1630)도 그중 한 명이었다. 케플러는 기원전 7년에 목성과 토성이 같은 위치로 정렬되면서 마치 하나의 별처럼 매우 밝게 빛난 적이 있는데, 그것이 바로 예수 탄생을 예고한 베들레헴의 별이었을 것이라 추측했다. 참고로 고대 점성술에서 목성은 최고 통치자를, 토성은 유다 왕국을 의미했다. 그러니 케플러로서는 그와 같은 현상이 영락없이 예수 탄생을 의미한다고 믿을 수밖에 없었다. 하지만 그 논리를 무조건 옳다고 볼 수는 없다. 특별한 천체 현상에 예수의 탄생일을 억지로 끼워 맞춘 것일 수도 있기 때문이다.

 헤롯 왕과 퀴리니우스 총독은 동시대 인물이다?

일반적으로 누가복음은 역사적 사실을 비교적 정확히 전달하고 있는 것으로 평가받고 있다. 하지만 적어도 한 가지 면에서는 누가복음의 저자도 오류를 범한 듯싶다. 예수가 헤롯 왕이 통치하던 시절, 나아가 수리아(시리아)의 총독 구레뇨(퀴리니우스)가 호구 조사를 실시했던 시절에 태어났다는 진술만큼은 역사적 사실에 위배되는 것이다. 헤롯 왕은 기원전 4세기에 사망한 인물이고, 퀴리니우스가 총독 자리에 오른 것은 서기 6세기였다. 즉 두 사람이 동시대 인물은 아닌 것이다.

 마리아는 사원에서 자랐다?

종교적 상황을 묘사한 그림들을 보면 어린 마리아가 사원에 있는 모습이나, 요셉과 마리아의 혼례를 사제가 주관하는 장면이 자주 등장한다. 하지만 이는 정식 성경이 아니라 교단으로부터 인정받지 못한 외경에 기초한 것들이다. 참고로 마리아는 태어날 때부터 운명이 정해져 있었고 그 때문에 사원에서 성장했다는 내용은 외경 중 하나인 야고보의 원복음서^{Protevangelium of James}에 기록되어 있다.

 ### 예수 탄생 일화는 단 한 가지뿐이다?

성경에는 예수 탄생과 관련해 두 가지 이야기가 나온다. 하나는 누가복음에 나오는 유명한 마구간 탄생 일화로, 마리아와 요셉이 베들레헴으로 가는 길에 묵을 곳이 없어서 어쩔 수 없이 마구간에서 아기 예수를 낳게 된다는 내용이다. 다른 하나는 마태복음이 전하는 이야기인데, 동방 박사가 예수 탄생을 알리는 별빛을 쫓아 예수를 경배하러 오지만, 이 사실이 헤롯 왕에게까지 전해져 아기 예수 가족이 이집트로 피신을 가야만 한다는 내용이다. 참고로 마가복음이나 요한복음에는 예수 탄생과 관련된 이야기가 등장하지 않는다.

 헤롯 왕은 유대인이었다?

헤롯^{Herod}(BC 73~4) 왕은 이두메아^{Idumea} 출신의 아버지와 나바테아^{Nabatea} 왕국의 공주 사이에서 태어난 인물이다. 이두메아는 유다 남쪽에 정착해 살던 부족이고, 나바테아는 요르단의 페트라^{Petra}를 수도로 삼는 아라비아계 부족이었다. 그런데 헤롯 왕의 가문은 강제로 개종당한 유대교도였다. 즉 정통 유대교 가문이 아니었다. 때문에 헤롯 왕 역시 이스라엘인들로부터 정식으로 인정을 받지 못했다. 그럼에도 불구하고 헤롯이 왕위에 오를 수 있었던 것은 순전히 로마의 신임 덕분이었다. 그런 만큼 헤롯은 강력한 왕권 확립을 위해 강경 통치의 길을 걸을 수밖에 없었다. 하지만 그 시절에 대량 아동 학살이 자행되었다는 말은 떠도는 소문에 불과한 것으로 추정된다. 참고로 헤롯 왕은 건축과 행정 분야에서 탁월한 지도력을 발휘한 것으로 알려져 있다.

비유와 십자가

 예수는 '낙타가 바늘귀 통과하기'의 비유를 든 적이 있다?

마가복음 10장 25절과 19장 24절에는 "낙타가 바늘귀로 들어가는(나가는) 것이 부자가 하나님의 나라에 들어가는 것보다 쉬우니라"라는 구절이 나온다. 그런데 해당 구절은 번역의 오류에서 비롯된 것이다. 아람어로 '밧줄'을 뜻하는 '감타^{gamta}'를 낙타를 뜻하는 '가말라^{gamala}'로 오역한 것이었다. 밧줄이 바늘귀를 통과하는 것도 무척 어려운 일이기 때문에 문장 전체의 의미가 변질된 것은 아니지만, 그래도 낙타보다는 밧줄이 해당 문맥에는 더 어울린다.

예수가 간음한 여인을 돌팔매질로부터 구해주었다는 일화는 군이 기독교인이 아니더라도 한번쯤 들어본 적이 있을 만큼 유명하다. 이 일화는 "너희 중에 죄 없는 자가 먼저 돌로 치라"는 구절로도 유명한데, 매우 교훈적이고 감동적인 이야기이긴 하지만 요한복음 원본에는 그런 내용이 기록되어 있지 않았다. 여러 차례 개정되는 과정에서 나중에 추가된 것이다. 참고로 해당 일화는 역사적 기록과도 일치하지 않는다. 예수가 살아 있던 당시 유대인들은 로마의 지배를 받았고, 사법권 또한 로마에 있었다. 즉 해당 일화에서 소개된 것과는 달리 블레셋인(바리새인)이나 율법학자들에게는 어차피 돌팔매질을 선고할 권한이 없었던 것이다.

사원에서 환전하는 행위는 신성 모독이다?

예수 생존 당시에는 사원에서 환전하거나 기타 금융 거래를 하는 행위가 통상적이었다. 유대인뿐만 아니라 고대 근동 지방에서 성전은 종교 활동뿐 아니라 경제 활동의 중심지였기 때문이다. 신의 이름을 빌린 성직자가 최고 권력자보다 더 힘이 막강했던 것도 그 때문이었다. 그런 만큼 종교학자들은 예수가 환전상을 쫓아낸 행위는 성직자들의 격분을 사기에 충분했고, 훗날 예수가 사형 선고를 받는 데에도 환전상들이 큰 영향을 끼쳤을 것이라 말한다.

✝ 예수는 골고다 언덕까지 직접 십자가를 지고 가야 했다?

요한복음에는 예수께서 십자가를 직접 진 것으로 나와 있고, 다른 복음서에는 예수를 십자가에 못 박기 위해 끌고 간 것은 군인들이지만 십자가는 구레네(키레네) 사람 시몬이 지고 간 것으로 나와 있다. 대부분의 미술 작품에서는 시몬이 예수를 도와 십자가를 함께 지고 가는 것으로 묘사된다. 한편, 당시 상황을 가장 구체적으로 표현한 것은 누가복음인데, 거기에는 군인들이 시몬으로 하여금 십자가를 지고 예수를 뒤따르게 했다고 나와 있다.

✝ 시몬은 십자가 전체를 지고 골고다까지 가야 했다?

성경에는 그렇게 나와 있지만, 구레네 사람 시몬이 십자가 전체를 골고다까지 운반했을 리는 없다. 한 사람이 지고 가기에는 십자가의 무게가 너무 많이 나가기 때문이다. 참고로 당시 로마에는 십자가형을 행할 때 피고가 십자가 중 가로 방향의 나무토막만을 처형장까지 직접 지고 가는 관행이 있었다고 한다.

바리새인은 위선자이다?

성경에서 바리새인(블래샛인)은 율법만 중시하는 위선자이자 예수를 적대시한 존재로 묘사되어 있다. 하지만 종교학자들은 그 부분이 사실과 전혀 다르다고 말한다. 바리새인이 율법을 엄격하게 따진 것은 사실이지만, 그렇다고 성경에 소개된 일화에서처럼 안식일에 사람의 목숨을 구하는 행위까지 금한 것은 아니었다. 자신들의 종교를 모든 이들에게 강요하지도 않았다. 뿐만 아니라 예수의 가르침이나 행동들 중에는 바리새인의 관습과 비슷한 것들이 적지 않았다. 그중에서도 특히 예수와 동시대 인물로 추정되는 유대교 율법사 랍비 힐렐Rabbi Hillel은 예수와 행적이 비슷한 것으로 유명하다. 참고로 성경학자들 중에서도 복음서의 저자들이 당시 권력을 쥐고 있던 로마는 미화한 반면 유대인들은 지나치게 폄하했다고 비판하는 이들이 적지 않다.

빌라도는 유대인들의 압력 때문에 자리에서 물러났다?

폰티우스 필라투스Pontius Pilatus, 즉 '본디오 빌라도'는 26년부터 36년까지 유대 지방을 관할한 로마의 총독이었다. 유대인 역사가인 필론Philon Judaeus(BC 20~AD 50)과 플라비우스 요세푸스Flavius Josephus(37~100)의 기록에 따르면 필라투스는 강력하고도 잔인한 정치가였다. 특히 필론은 필라투스가 통치하던 시절이 잔인한 처형과 부패, 나아가 유대인에 대한 강한 적대감으로 얼룩져 있었다고 비난했다. 실제로 필라투스는 사원의 귀중품도 여러 가지 명목으로 압수하고 자신에게 대항하는 군중들은 무력으로 가차 없이 진압했다. 즉 유대인들의 압력 때문에 왕좌에서 물러날 만큼 '물렁한' 사람은 결코 아니었던 것이다. 필라투스가 자리에서 물러난 진짜 이유는 뇌물 수수와 사마리아인 대학살이었다.

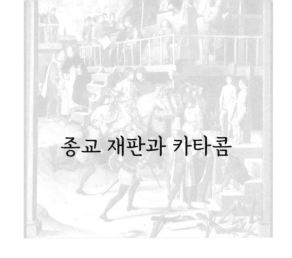

종교 재판과 카타콤

🔨 사도 바울의 서신들은 사도 바울이 직접 쓴 것이다?

사도 바울Paul the Apostle(5~65)의 서신으로 알려진 서신이 14개가 있다. 그런데 성경학자들조차 그중 어떤 것이 바울이 직접 쓴 것이고 어떤 것이 다른 작가가 기록한 것인지 밝혀내지 못했다. 요즘은 대개 히브리서와 디모데 전후서, 디도서, 에베소서, 골로새서, 데살로니가 전후서는 사도 바울의 작품이 아닌 것으로 간주되고 있는데, 이에 따라 "아내들이여 자기 남편에게 복종하기를 주께 하듯 하라"(에베소서 5장 22절)라는 구절도 바울의 생각이 아닌 것이 된다. 그런데 사도 바울이 직접 쓴 서간을 보더라도 바울이 남녀평등주의자는 아니었다. 비록 교단이나 지역 공동체의 여성 지도자들에게 안부와 감사의 말을 건네기는 했지만, 그럼에도 불구하고 남녀평등주의자로 보기에는 무리 있는 구절이 다수 포함되어 있기 때문이다.

최초의 기독교 국가는 지중해 연안에서 탄생했다?

예수 사망 직후부터 사도 바울이 지중해 동부 전역에서 선교 활동을 펼친 것은 사실이다. 하지만 기독교를 국교로 지정한 최초의 국가는 지중해 연안국이 아니라 러시아 남부에 있는 아르메니아였다. 아르메니아에 기독교를 전파한 사람은 사도 타데우스Apostle Thaddeus와 사도 바르톨로뮤Apostle Bartholomew로, 아르메니아는 301년에 기독교를 국교로 지정했다.

'베르나르 기'는 앞뒤 가리지 않는 잔악한 종교 재판관이었다?

움베르토 에코Umberto Eco(1932년 출생)의 소설 《장미의 이름》에는 '베르나르 기Bernard Gui(1260~1331)'라는 잔인한 종교 재판관이 등장한다. 이 인물은 에코의 머릿속에서 태어난 가상의 존재가 아니라 실존 인물로 실제로 총 930건의 재판을 진행했는데, 그중 42명이 화형을 당했고, 300여 명이 무기 징역을 선고받았으며, 성지 참배나 시련 재판 혹은 주거지 파괴를 선고받은 이들도 부지기수였다. 이중 무죄로 방면된 사람은 130명밖에 되지 않았다. 하지만 베르나르 기가 사리 분별조차 모르는 잔인한 재판관은 아니었다. 한편으로는 매우 완고한 원리원칙주의자였지만, 피의자의 이단 행위를 가려내는 데 있어서만큼은 매우 신중을 기한 재판관이었다고 한다.

베드로는 십자가에 거꾸로 못 박혔다?

기독교인들 사이에서는 베드로가 십자가에 거꾸로 못 박혀서 죽었다는 이야기가 전설처럼 전해 내려오고 있다. 자기는 예수님처럼 원래의 방향으로 못 박혀 죽을 가치조차 없다며 스스로 그렇게 자청했다는 것이다. 하지만 사도행전에는 베드로의 죽음에 대한 얘기조차 나와 있지 않다. 참고로 베드로가 순교자로 최후를 맞았다는 내용은 교황 클레멘스 1세$^{Clement\ I}$가 95년경에 작성한 것으로 추정되는 서신에서 처음 언급되었고, 자세한 내용은 신학자 테르툴리아누스^{Tertullianus}와 오리기네스^{Origines}가 200년경 남긴 문서들에서 소개되었다. 하지만 종교학자들 대부분은 베드로의 죽음이 후대에 와서 미화된 측면이 없지 않다고 평가하고 있다.

 초기 기독교인들은 카타콤에서 비밀 예배를 올렸다?

　로마 제국 초기에 기독교는 금지된 종교였던 만큼 예배 행위 자체가 불법이었다. 이 당시 지하 묘지인 카타콤^{Catacomb}은 안전한 장소였다. 당시 로마법에 따르면 묘지는 불가침 영역이었고, 이에 따라 카타콤도 불법 집회 장소가 아니었기 때문이다. 하지만 그렇다 해도 카타콤은 지하에 있는 매우 협소한 공간이었기 때문에 정식 예배보다는 죽은 이들을 위한 추도 예배를 올리는 장소 정도로 활용되었을 가능성이 높다.

 스페인의 종교 재판 '오토다페'로 수십만이 희생되었다?

　스페인의 종교 재판 '오토다페^{Autodafé}'로 인해 수만 혹은 수십만 명이 화형을 당했다고 알려져 있다. 그런데 최근 조사에 따르면 그 수가 2000명을 넘지 않는다고 한다. 즉 재판에 회부된 사람들 중 개종 권고를 거부하며 끝까지 유대교를 고집한 2퍼센트만 실제로 처형을 당한 것이었다.

 종교 재판에서는 어떠한 선처도 기대할 수 없었다?

　원래 종교 재판은 이단자를 색출하기 위한 교회법상의 절차

로, 교황 그레고리오 9세^{Gregorio IX}(재위 1227~1241) 때 처음 만들어졌다. 그런데 종교 재판의 근본 취지는 이단자의 처형이 아니라 개종이었다. 즉 3심을 거치는 동안에도 종교관을 바꾸지 않는 사람에 한해서만 선고를 내린 것이었다. 그렇다고 이단자들을 곧장 화형대로 끌고 간 것도 아니었다. 뿐만 아니라 한 차례도 사형을 선고하지 않은 재판관도 있었다. 물론, 그 반대편에는 이단이 타도의 대상이므로 천 번의 오판을 불사하고라도 최후의 한 명까지 색출해야 한다는 강경파도 있었다. 참고로 헝가리의 성녀 엘리자베스^{Saint Elisabeth of Hungary}(1207~1231)의 고해 성사를 들어주었던 마르부르크의 콘라트 신부^{Konrad von Marburg}(1180~1233년경)도 그러한 강경파 중 한 명이었다.

교황과 이단자

 교황 중에 요한 20세가 있다?

'요한 20세'라는 칭호를 단 교황은 존재하지 않는다. 1024년부터 1032년까지 요한 19세^{Johann IXX}가 재위했고, '그다음 번 요한'인 페드로 훌리앙^{Pedro Julião}(재위 1276~1277)이 요한 20세로 명명되어야 마땅했지만, 숫자 착오로 인해 요한 21세라는 칭호가 부여되었다. 참고로 교황 목록에는 '요한 16세'라는 이름도 등재되어 있지 않은데, 이 경우는 요한 16세였던 요하네스 필라가토스^{Johannes Philagathos}(재위 997~998)가 교회의 공식적 승인을 받지 못해서였다. 그런가 하면 마리노^{Marino}를 마르티노^{Martino}라고 잘못 표기하는 바람에 교황 마르티노 2세와 3세도 교황 목록에서 삭제되었다.

'무염 시태 교리'는 예수가 처녀의 몸에서 태어났음을 의미한 다?

교황 비오 9세^{Pius IX}(본명은 조반니 마리아 마스타이 – 페레티^{Giovanni Maria Mastai-Ferretti}, 1792~1878)는 이른바 '무염 시태 교리^{Immaculate Conception}'라는 것을 주창했다. 마리아가 순결하게, 즉 원죄 없 이 잉태했다는 의미이다. 하지만 그 말이 곧 예수가 원죄가 없는 마리아에게서 태어났다는 뜻은 아니었다. 어디까지나 마리아의 잉태가 원죄 없이 이루어졌다는 점만을 강조한 것이었다. 12월 25일이 아니라 마리아의 탄생일(9월 8일)로부터 9개월 전인 12 월 8일을 무염 시태 축일로 지정한 것도 그 때문이다.

교황은 절대 오류를 저지르지 않는다?

교황청은 늘 교황과 교회는 절대 오류를 저지르지 않는다 고 주장해왔다. 하지만 1870년 교황청은 '교황 무오성^{Papal infallibility}'이라는 교리를 선포했다. 교황이 교황좌에서 엄숙하게 내린 결정들^{ex cathedra}만이 오류가 없다는 내용이었다. 참고로 '엑스 카테드라'가 선언된 적은 지금까지 단 두 차례밖에 없다. 1854년의 무염 시태 교리가 그중 하나이고, 또 하나는 1950년 의 성모 승천 교리^{Assumption of the Blessed Virgin Mary into Heaven}

이다. 그런가 하면 교황청 스스로 교황을 이단으로 정죄한 사례도 있었다. 호노리오 1세^{Honorius I}(재위 625~ 638)가 그 주인공인데, 신망이 매우 높은 인물이었음에도 불구하고 예수가 사람과 신이 결합된 존재라는 이론, 즉 단성론^{monophysitism}과 단의론 ^{monothelitism} 모두를 지지하는 바람에 사후인 680년에 이단으로 정죄되고 말았다.

가톨릭교회에는 여사제가 없다?

1970년대 체코에서는 감옥에 수감되어 있던 여신도들의 영적 활동을 돕기 위해 여사제가 배출되기도 했다. 당시 총 몇 명의 여성이 사제 서품을 받았는지는 알 수 없는데, 지금까지 밝혀진 사람은 루드밀라 야보로바^{Ludmila Javorová}(1932년 출생) 한 명뿐이다. 그런데 가톨릭교회법에서는 주교가 내린 사제 서품은 모두 유효한 것으로 인정하고 있는 반면, 바티칸 교황청은 여성에 대한 사제 서품을 인정하지 않고 있다.

"내일 지구가 멸망해도 오늘 한 그루의 사과나무를 심겠다" 는 루터가 한 말이다?

"나는 내일 지구가 멸망한다고 해도 오늘 한 그루의 사과나무를 심을 것이다"는 루터가 한 말로 알려져 있다. 루터가 어린 시절을 보냈던 아이제나흐Eisenach의 집 앞에 해당 문구가 새겨진 비석과 사과나무 한 그루가 심어져 있기 때문이다. 하지만 해당 인용구의 출처는 정확히 밝혀지지 않았다. 독일의 소설가이자 시인인 에두아르트 뫼리케Eduart Mörike(1804~1875)가 한 말이라는 사람도 있고, 독일의 시인 프리드리히 뤼케르트Friedrich Rückert(1788~1866)의 말이라는 사람도 있다. 참고로 "남자는 인생에서 아들을 키우는 것, 나무를 심는 것, 그리고 집을 짓는 것, 이 세 가지를 꼭 해봐야 한다"라는 말 역시 루터가 한 말로 알려졌으나 출처가 명확하지 않다.

자녀가 있는 사람은 절대 교황이 될 수 없다?

자녀가 있어도 교황이 될 수 있다. 자녀가 있는 상태에서 이혼하거나 사별하더라도 추후에 교황이 될 수 있는 것이다. 지금도 그런 자격의 인물이 교황의 자리에 오를 수 있을지는 의문이지만, 과거의 역사만 보자면 펠릭스 3세Felix III(재위 483~492)

나 클레멘스 4세^{Clemens IV}(재위 1265~1268), 비오 4세^{Pius IV}(재위 1559~1565)도 자녀가 있었다. 신앙심이 남달랐던 대립 교황 펠릭스 5세^{Felix V}(재위 1440~1449), 즉 사보이의 공작 아마데오 8세 역시 아내와 맏아들이 죽은 뒤에 교황으로 명명된 경우였다. 참고로 펠릭스 5세의 둘째 아들은 이탈리아의 국왕 자리까지 오르면서 '사보이 왕가'의 시조가 되었는데, 덕분에 펠릭스 5세는 왕가의 선조가 되는 영광도 누렸다.

✴ 무신론자들은 신에 대해 전혀 관심이 없다?

무신론자들은 초자연적인 힘의 존재를 아예 부정하는 사람들이다. 하지만 무신론자일수록 신을 부정하기 위해 오히려 신에 더 깊은 관심을 기울이고 더 많은 의문을 제기한다. 독일 출신의 작가 하인리히 뵐^{Heinrich Böll}(1917~1985)은 무신론자들이 자신에게 신에 대해 너무 많이 물어봐서 성가시다고 불평한 적도 있다. 참고로 신의 존재에 대해 전혀 무관심한 사람들은 무신론자^{atheist}가 아니라 불가지론자^{agnostic}라고 부른다.

유대교와 이슬람교

✡☾ ★ 자라투스트라가 세계 최초로 유일신 이론을 주창했다?

유일신 개념이 언제 어디서 최초로 등장했는지는 밝혀지지 않았다. 기원전 14세기에 이집트의 이크나톤이 태양신인 아톤^{Aton}만을 섬기라고 명한 적이 있기는 하지만, 그것이 역사상 최초의 유일신 숭배였는지는 불분명하고, 이크나톤이 섬기라고 한 유일신이 아톤인지 그 외의 다른 신인지도 밝혀지지 않았다. 한편, 기원전 7세기 말경 자라투스트라^{Zarathustra}는 페르시아의 신 아후라 마즈다^{Ahura Mazda}가 세계를 창조한 유일신이라 설교했는데, 조로아스터교^{Zoroaster}가 거기서 비롯된 종교이다. 그와 비슷한 시기에 유대인들 사이에서도 그들이 섬기는 야훼가 유일신임을 전파하려는 노력이 시작되었다. 하지만 지금도 토착민들 사이에선 여전히 자신들이 섬기는 신이 유일신이라는 믿음이 널리 퍼져 있다.

✡☾ 히브리어 성경 '토라'는 기독교의 구약 성경에 해당된다?

히브리어 성경은 '타나흐^{Tanach}'라 부르는데, 타나흐는 율법서인 '토라^{Tôrāh}'와 예언서인 '네비임^{Neviim}', 성문서인 '케투빔^{Ketuvim}'으로 이루어져 있다. 그중 토라에는 흔히 모세 5경이라 부르는 다섯 권의 말씀, 즉 창세기, 출애굽기, 레위기, 민수기 그리고 신명기가 포함된다. 네비임은 여호수아, 사사기, 열왕기, 이사야, 예레미야, 에스겔, 그리고 12권의 소선지서$^{Minor\ Prophets}$로 구성되고, 성문서에는 시편, 잠언, 욥기, 아가서, 룻기, 예레미야애가, 전도서, 에스더, 다니엘, 에스라, 느헤미야 그리고 역대기가 포함된다.

✡☾ '다윗의 별'은 고대 유대인을 상징하는 문양이었다?

'다윗의 별'이라 불리는 육각 별은 고대에는 아무 의미 없는 장식용 문양에 불과했다. 하지만 중세 이후 유대교도와 기독교도, 이슬람교도들 사이에서 주술적 의미를 지닌 부적처럼 활용되기 시작했는데, 14세기 체코 프라하에 거주하던 유대인들이 육각 별을 특히 더 좋아했다. 참고로 신비주의자들은 육각 별을 적으로부터 유대인들을 보호해준다는 다윗의 방패와 연관시키기도 한다. 다윗의 별이 유대인의 상징으로 자리 잡은 것은 18세기에 접어든 이후부터였다. 기독교의 십자가처럼 자신들의 종교를 상징할 만한 문양을 찾던 유대교도들이 다윗의 별을 선택하면서 육각 별은 유대교의 확고한 상징이 된 것이다.

✡☾ 아하수에로 때문에 유대인들은 떠돌이 신세가 되었다?

성경에 대제사장 가야바Caiaphas가 예수를 심문하는 장면이 나온다. 거기서 가야바의 부하 중 한 명이 예수를 손으로 치는데, 후세 사람들은 그가 바로 아하수에로Ahasveros라는 이름의 유대인이었고, 아하수에로는 예수에게 손찌검한 죄로 영원한 방랑자 신세가 되었다고 말한다. 하지만 이 이야기는 날조된 것이다. 원래 성경에 나오는 아하수에로는 유대인이 아니라 에스더의 남편인 페르시아의 왕이었다. 그럼에도 불구하고 유대인을 적대시하는 일부 세력들은 '방랑하는 유대인wandering Jew', 즉 아하수에로의 전설을 만들어냈고, 그것으로도 모자라 그 전설을 유대민족 전체로 확대하기까지 했다. 유대인 전체가 예수를 박해한 탓에 그 어디에도 정착하지 못하는 민족이 되었다는 터무니없는 이야기를 만들어낸 것이다.

✡ ☾ 이슬람교도들은 마호메트에게 기도한다?

이슬람교도들에게 있어 예언자 마호메트^{Mahomet}(570~632)가 매우 성스러운 인물이기는 하지만, 그렇다고 마호메트에게 기도를 하지는 않는다. 기독교도들이 신의 아들 예수를 신과 동일시하는 것과 달리 이슬람교도들은 마호메트를 신이 아닌 사람으로 간주하기 때문이다. 이슬람교도들이 '마호메트교도'라는 호칭에 거부감을 갖는 것도 그 때문이다. 단, '무슬림'이라는 호칭은 '이슬람교도'와 같은 뜻이기 때문에 언제 어디에서든 사용해도 좋다. 참고로 '이슬람^{Islam}'은 '신의 뜻에 절대적으로 순종함'을 뜻한다.

✡ ☾ 무슬림에게 코란은 기독교인의 성경과 같은 의미이다?

무슬림들에게 코란은 신의 계시를 받아 적어놓은 신성한 책이다. 때문에 코란을 만지기 전에는 반드시 손을 깨끗이 씻어야 하고, 원문이 조금이라도 훼손될 것을 우려해 코란이 다른 언어로 번역되는 것 자체를 강하게 반대한다. 참고로 페르시아의 철학자 이븐시나^{Ibn Sina}(980~1037)는 코란이 아무리 성스럽다 해도 일반인이 이해할 수 있는 말로 쉽게 풀어 쓴 해설본 정도는 필요하다고 주장했지만, 그 주장 역시 거센 반대에 부딪쳐 관철되지 못했다.

✡☪ '바위의 돔' 사원에서는 실제로 예배를 드리고 있다?

'바위의 돔^{Dome of Rock}'은 예루살렘의 '성전 산^{Temple Mount}'에 위치한 사원으로, 무슬림들에게는 메카^{Mecca}와 메디나^{Medina}에 이어 세 번째로 중요한 성지이다. 마호메트가 하늘로 승천한 바위 위에 지어졌다는 이 건물은 지붕이 화려한 황금으로 뒤덮여 있어 황금 사원이라고도 불린다. 하지만 그곳에서 실제로 예배를 드리지는 않는다. 예배는 인근의 '알아크사 모스크^{Al-Aqsa Mosque}'에서 치른다. 참고로 알아크사 모스크는 동로마 제국 시절에 건축된 성 마리아 성당을 술탄 알왈리드^{Al-Walid}(재위 705~715)의 명에 따라 이슬람 사원으로 개조한 것이다.

불교와 힌두교

부처는 신이다?

부처, 즉 '붓다Buddha'는 '깨달음을 얻은 사람'이라는 뜻으로, 네팔의 왕자였던 고타마 싯다르타Gautama Siddhārtha(BC 560~483년경)에게 붙은 칭호다. 그는 사람은 누구나 성직자의 도움 없이도 혼자의 힘으로 모든 욕구를 이겨낼 수 있고, 이를 통해 윤회輪廻의 길에서 벗어나 진정한 해탈에 도달할 수 있다고 설교했다. 참고로 불교는 신을 섬기는 종교가 아니고, 인간은 누구나 완전한 깨달음을 얻어 부처가 될 수 있다고 한다.

❀ ॐ 라마와 크리슈나는 힌두교의 신들이다?

라마 Rama와 크리슈나 Kṛṣṇa는 힌두교에서 말하는 평화의 신 비슈누 Viṣṇu가 인격화된 모습, 즉 비슈누의 분신 같은 존재들이다. 그중 라마는 2세기경 작품으로 추정되는 대서사시 《라마야나 Rāmāyanna》에 등장하는 인물로, 작품에서는 생명이 유한한 보통 인간이었는데 후대에 와서 비슈누의 분신이자 통치자의 표상으로 이미지가 굳어졌다. 그런가 하면 짓궂은 장난을 많이 쳐서 장난꾸러기 신으로도 자주 묘사되는 크리슈나는 어린 시절 목동들 사이에서 성장한 힌두교의 영웅이다.

❀ ॐ '사티'는 힌두교 교리에 따른 풍습이다?

'사티 Sati'란 남편이 죽으면 살아 있는 아내도 함께 화장하는 끔찍한 풍습을 가리키는 말이다. 그런데 사티는 원래 시바 신 Śiva의 아내 중 한 사람으로 아버지의 반대를 무릅쓰고 시바 신과 결혼했는데, 어느 날 사티의 아버지가 모든 신들을 초대해 대규모 행사를 거행하면서 시바는 그 자리에 초대하지 않았다. 이에 수치심과 분노를 참지 못한 사티는 불 속으로 뛰어들어 목숨을 끊어버렸다. 한편, 《라마야나》에서는 사티가 라마의 부인으로 등장하는데, 거기서도 사티는 자신의 정조를 증명하기 위해 불 속으로 뛰어든다. 그것이 훗날 남편과 함께 아내를 순장^{殉葬}하는 악습의 시초가 된 것이다. 이후 8세기 무렵부터는 불에 뛰어들어 자살하는 행위가 침략자인 이슬람인들의 포로가 되거나 몸을 더럽히는 대신 명예와 정조를 지키는 수단으로 작용했고, 비록 법에 명문화하지는 않았지만 반드시 지켜야 할 묵시적 도리처럼 간주되면서 하나의 관습으로 굳어졌다.

요가는 인도에서 기원한 스포츠 종목이다?

산스크리트어로 '긴장감'을 뜻하는 요가^{Yoga}는 정신과 육체의 수련을 통해 깨달음과 구원을 얻는 일련의 수행 과정이다. 나아가 힌두교에서 말하는 여섯 개의 정통 학파[4] 중 하나로, 눈으로 볼 수 있는 세계는 모두 환상에 불과하고, 인간은 모든 물질적인 것에서 자유로울 때 비로소 진리를 깨달을 수 있다는 가르침을 내포하고 있다. 참고로 요가는 기원전 5세기 무렵부터 발달하기 시작했다.

---

4) 삼키아(Samkhya), 요가(Yoga), 니야야(Nyaya), 바이셰시카(Vaisheshika), 미맘사(Mimamsa), 베단타(Vedanta) 학파.

✿ ॐ 중국의 신화에 등장하는 신들은 모두 다 동물의 형상을 하고 있다?

중국 신화에도 동물 이외의 신들이 무수히 등장한다. 하지만 해당 신들은 종교적 의미에서의 신이 아니라 민간 신앙 차원에서 숭배되는 존재들이다. 참고로 중국에서는 기원전 6세기경 공자孔子(BC 551~479)가 주창한 철학, 즉 유교가 종교를 대신해왔다고 할 수 있다. 한나라漢(BC 206~AD 220) 때 국시로 채택된 이후 제국 시대가 막을 내릴 때까지 중국 사회의 근간으로 작용했기 때문이다. 반면 민간 신앙에서 말하는 '잡신'들은 아무런 인정도 받지 못했다. 그런데 인정받지 못하기로는 유교도 마찬가지이다. 사회주의 체제하에서는 유교 역시 공식적으로는 미신으로 치부되기 때문이다.

✿ ॐ 북미 대륙 인디언들에게 최고의 신은 마니투이다?

북미 인디언들 중 캐나다의 알곤킨족Algonquin만 최고의 신을 '마니투Manitou'라 부른다. 그런데 마니투는 구체적 형상을 지닌 신이 아니라 사람의 내면에 존재하는 추상적이고 영적인 힘을 뜻한다. 또 다른 북미 인디언 부족인 수족Sioux은 최고로 높은 정령을 '성스러운 비밀'이라는 뜻의 '와콘다Wakonda'라 부르며,

이로쿼이족^{Iroquois} 최고의 신은 '오렌다^{Orenda}'이다.

❀ ㉚ '에어즈록'은 오스트레일리아 원주민들 모두에게 최고의 성지이다?

오스트레일리아 토착민들^{aborigine}은 세상이 창조되기 전에 '드림타임^{Dream time}'이라 불리는 신성한 시대가 존재했다고 믿으며, 그 시절 신들이 먹고 자고 전쟁을 치렀던 장소들을 신성시한다. '에어즈록^{Ayers Rock}'이라 불리는 거대한 모래바위에도 그런 신성한 장소들이 몇 군데 있다. 참고로 에어즈록의 공식 명칭은 '울루루^{Uluru}'이다. 그런데 울루루가 오스트레일리아 원주민들 모두에게 있어 최고의 성지인 것은 아니다. 부족마다 신성시하는 장소가 다르기 때문이다. 이웃 부족의 성지가 어디인지조차 모르는 경우도 적지 않다. 한편, 오늘날 울루루 주변에 살고 있는 부족, 즉 아난구족^{Anangu}이 보기에는 자신들의 성지가 관광지로 변해가는 모습이 불편하기 짝이 없을 것이다. 그럼에도 불구하고 아난구족은 울루루에 오르는 관광객들을 저지하진 않는다. 아난구족의 성소들에 너무 가까이 접근하지는 말아달라는 부탁 문구만 남겨놓았을 뿐이다.

✸ ॐ 부처와 관련된 신화는 존재하지 않는다?

부처는 신이 아니므로 신화도 존재하지 않을 거라고 생각하겠지만, 다른 종교와 마찬가지로 불교에도 매우 다양한 신화가 존재한다. 그중 많은 이야기들 속에서 붓다 고타마^{Buddha Gautama}는 신적인 존재로 묘사되고 있다. 부처가 인도의 신 인드라^{Indra}나 브라마^{Brahma}와 만나는 내용도 있다. 한편, 불교 신화에서 자주 등장하는 또 다른 인물은 보살^{Bodhisattva}인데, 보살은 깨달음을 얻었으나 다른 중생들을 구하기 위해 열반에 오르는 대신 윤회를 택한 이들을 뜻한다.

오딘과 핼러윈

☀ 태양신은 늘 남자이다?

태양신이 여자인 경우도 있다. 게르만 신화 속 태양신 '솔Sol'
도 여자이다. 반면 달의 신 '마니Mani'는 남자이다. 참고로 독일
어 명사들은 남성, 여성, 혹은 중성 명사로 구분되는데, 독일어
로 태양Sonne이 여성 명사이고 달Mond은 남성 명사인 것도 해
당 신화와 무관하지 않은 것으로 추정된다. 한편, 일본이나 히타
이트족의 신화에서도 태양신은 여성이다. 그런가 하면 뉴기니
섬에서도 달이 남자, 태양이 여자를 상징하는데, 그 이유는 달이
뜬 밤에는 주로 남자들이 사냥을 나가고, 해가 비치는 낮 동안에
는 여자들이 일을 더 많이 하기 때문이라 한다.

☀ 게르만족의 선조들도 오딘과 토르를 숭배했다?

현재 독일 북부 지역에 살았던 게르만족들의 주신主神은 오딘 Odin과 토르Thor가 아니라 보탄Wotan과 도나르Donar였다. 보탄이 오딘과 얼마나 닮았는지, 혹은 도나르가 토르와 얼마나 다른 모습이었는지는 밝혀지지 않았다. 나아가 게르만족의 선조들도 발할라나 발키레, 라그나뢰크의 존재를 믿었는지 여부도 알 수 없다. 참고로 지금 우리가 알고 있는 게르만 신화 대부분은 중세 스칸디나비아 반도의 신화에서 유래한 것들이다.

☀ 귀족들은 죽으면 자동으로 발할라에 입성했다?

발할라Valhalla는 명예롭게 죽은 귀족들만 들어갈 수 있는 전당이었다. 오딘은 결투에서 패한 귀족들을 발할라로 데리고 갔다. 결투가 아니라 전쟁터에서 사망한 귀족들은 전쟁의 신인 티르 Tyr가 데려갔고, 농부들은 명예롭게 전사했다 하더라도 토르Thor의 성까지밖에 갈 수 없었다. 참고로 그중 토르의 성이 가장 떠들썩하고 신명 나는 곳이었다고 한다.

☀ 켈트족 신화에 대한 기록이 게르만족 신화에 대한 기록보다 더 많이 남아 있다?

게르만족 신화나 켈트족 신화나 남아 있는 기록이 거의 없기는 마찬가지이다. 우리가 지금 알고 있는 켈트족 신화에 관한 지식들 대부분은 카이사르나 타키투스가 남긴 글들에 나오는 단편적인 정보들을 조합한 것이다. 중세 때 아일랜드나 웨일스, 스칸디나비아 지역에서 기록된 설화들에서 단서를 찾을 때도 있지만, 그 역시 분량이 많지는 않다. 그럼에도 불구하고 켈트족의 신화들이 많이 전해 내려오고 있다는 착각을 하게 되는 이유는 켈트족 사제나 판타지 소설 작가가 적당한 스토리 하나를 꾸며내면 다른 작가들이 그 내용을 열심히 베끼거나 약간 변형해서 널리 퍼뜨렸기 때문이다. 즉 켈트족 신화를 다룬 이야기들이 범람하다 보니 후대에 지어낸 이야기를 예전에 기록된 내용으로 착각하게 된 것이다.

☀ 켈트족은 인간과 비슷한 모습의 신들을 숭배했다?

처음에는 그렇지 않았다. 기원전 3세기까지만 해도 켈트족은 로마인들이 신을 인간처럼 묘사하거나 인간의 형상으로 신의 동상을 제작한다며 조롱했다. 당시 켈트족 사이에서는 특정 공간이나 장소를 신과 연관시키는 습성이 있었기 때문이다. 유럽의 하천들 중 켈트족 여신들의 이름을 딴 하천이 많은 것도 그 때문이다. 예컨대 프랑스의 마른^{Marne} 강은 마트로나^{Matrona}에서 비롯된 이름이고, 센^{Seine} 강은 세쿠아나^{Sequanna}, 손^{Saône} 강은 수보나^{Souvonna}, 영국의 세번^{Severn} 강은 사브리나^{Sabrina}에서 유래한 이름이다. 하지만 켈트족도 나중에는 태양신 루^{Lugh}, 전쟁의 신 테우타테스^{Teutates}, 농업의 신 벨레누스^{Belenus}, 말의 여신 에포나^{Epona} 등 사람의 형상을 한 신들을 섬기기 시작했다. 단, 켈트족 신화에 등장하는 신들은 기타 신화 속 신들과는 달리 결혼을 해서 자녀를 낳지도 않았고, 지위가 가장 높은 신이 따로 존재하지도 않았다.

☀ 핼러윈은 죽은 자들을 기리는 고대 켈트족의 '삼하인' 축제에서 유래된 것이다?

켈트족의 축제인 '삼하인^{Samhain}'에 대해 알려진 것이라곤 초기에는 가을 중 보름달이 뜨는 어느 날에 개최되다가 나중에는 개최 시기가 11월 1일 전야^{全夜}로 바뀌었고, 축제가 여름의 끝을 의미했다는 것밖에 없다. 삼하인이 죽은 이들을 위한 축제였는지, 거기서 어떤 의식이나 관습을 행했는지에 대해서는 알려진 바가 전혀 없는 것이다. 그런데 기독교에서 바로 이교도들의 축일인 11월 1일을 만성절, 즉 '모든 성인의 날All Hallow Day'로 지정한 것을 결코 우연으로 볼 수는 없다. 다분히 의도적이었을 공산이 크기 때문이다. 참고로 지금 우리가 알고 있는 핼러윈 축제는 19세기 아일랜드 이주민들이 미국에 소개한 것이다.

☀ 핼러윈의 뿌리는 기독교에 있다?

핼러윈의 뿌리는 기독교가 아니다. 참고로 '핼러윈Hallow-e'en'이라는 말은 '모든 성인의 날 전야All Hallows' Eve'가 축약되면서 탄생한 것이다. 중세에는 만성절이면 연옥에 갇혀 있던 자들이 세상으로 와서 살아 있는 이들에게 자신들의 영혼을 구원해 줄 기도를 부탁한다고 믿었다. 그것이 핼러윈의 유래라고 보는 이들이 있지만, 이 이야기는 기독교적 사고방식보다는 이교도적 풍습에 더 가깝다. 게다가 19세기까지는 핼러윈에 대한 어떤 역사적 기록도 남아 있지 않다. 즉 핼러윈의 정확한 뿌리를 밝혀낼 방도는 존재하지 않는 것이다.

제우스와 아폴론

그리스 신들 중 올림포스에 살 수 있는 특권을 누린 것은 열두 명밖에 없었다. 제우스^{Zeus}와 그의 아내 헤라^{Hera}, 제우스의 형제인 하데스^{Hades}와 포세이돈^{Poseidon}, 제우스의 누이인 헤스티아^{Hestia}, 제우스와 헤라 사이에서 태어난 두 아들 아레스^{Ares}와 헤파이스토스^{Hephaestos}, 제우스와 다른 여신들 사이에서 태어난 아테나^{Athena}, 아르테미스^{Artemis}, 아폴론^{Apollon}, 헤르메스^{Hermes} 그리고 아프로디테^{Aphrodite}가 그들이었다. 한편, 이러한 가족 관계는 호메로스와 헤시오도스^{Hesiodos}(BC 753~680)에 의해 완성되었는데, 그 이전까지는 제우스는 인도유럽족의 신으로, 헤라와 아테나는 크레타 섬 출신의 여신들로, 아폴론과 아프로디테와 헤파이스토스는 아시아에서 유래한 신으로 간주되었다고 한다.

제우스는 잘못을 저질러도 벌을 받지 않았다?

제우스 역시 다른 신들과 마찬가지로 몇몇 여신들에게 꼼짝없이 당할 수밖에 없었다. 참고로 그런 신들로는 끊임없이 분노하는 여신 알렉토^{Alecto}, 피의 복수로 대변되는 티시포네^{Tisiphone}, 질투의 화신 메가라^{Megara}, 정의로운 분노의 여신 네메시스^{Nemesis}, 오만함의 여신 히브리스^{Hybris}, 위험한 욕망의 여신 아테^{Ate} 등을 꼽을 수 있다.

제우스는 그리스 신들 중 최고의 바람둥이였다?

그리스 신화에 등장하는 제우스의 여인들을 모두 세어보면 총 31명이다. 반면 제우스와 형제간이자 바다의 신인 포세이돈은 그보다 많은 34명의 여자를 두었다. 그런데 포세이돈의 연애담을 다룬 문학 작품이나 회화, 조각 등은 그리 많지 않다. 대신, 왕성한 식욕을 자랑하는 괴물 카리브디스^{Kharybdis}, 외눈박이 거인 폴리페모스^{Polyphemos}, 날개 달린 말 페가수스^{Pegasus} 등 포세이돈의 자녀들 중 '정상이 아닌' 신들은 수많은 예술 작품의 소

와 헤파이스토스는 아시아에서 유래한 신으로 간주되었다고 한다.

제우스는 잘못을 저질러도 벌을 받지 않았다?

제우스 역시 다른 신들과 마찬가지로 몇몇 여신들에게 꼼짝없이 당할 수밖에 없었다. 참고로 그런 신들로는 끊임없이 분노하는 여신 알렉토^Alecto, 피의 복수로 대변되는 티시포네^Tisiphone, 질투의 화신 메가라^Megara, 정의로운 분노의 여신 네메시스^Nemesis, 오만함의 여신 히브리스^Hybris, 위험한 욕망의 여신 아테^Ate 등을 꼽을 수 있다.

제우스는 그리스 신들 중 최고의 바람둥이였다?

그리스 신화에 등장하는 제우스의 여인들을 모두 세어보면 총 31명이다. 반면 제우스와 형제간이자 바다의 신인 포세이돈은 그보다 많은 34명의 여자를 두었다. 그런데 포세이돈의 연애담을 다룬 문학 작품이나 회화, 조각 등은 그리 많지 않다. 대신, 왕성한 식욕을 자랑하는 괴물 카리브디스^Kharybdis, 외눈박이 거인 폴리페모스^Polyphemos, 날개 달린 말 페가수스^Pegasus 등 포세이돈의 자녀들 중 '정상이 아닌' 신들은 수많은 예술 작품의 소

재로 활용되었다.

🏛 아폴론은 그리스의 태양신이다?

아폴론은 원래 문학과 음악 그리고 예언을 주관하는 신이었다. 황금 수레를 타고 하늘을 누비는 신, 즉 태양신은 아폴론이 아니라 아폴론의 아들인 헬리오스로, 포이보스^{Phoebus}라고도 불렸는데, 나중에 아버지 아폴론의 이름과 합쳐 '포이보스 아폴론'으로 불리게 된다. 한편, 바로크 시대 사람들은 아폴론을 태양신으로 섬겼는데, 바로크 시절 프랑스의 통치자였던 태양왕 루이 14세도 자신을 아폴론에 비유하기를 즐겼다고 한다.

🏛 아프로디테는 거품에서 태어난 신이다?

헤시오도스의 작품에서만 아프로디테가 거품에서 태어난 것으로 묘사되어 있다. 제우스의 아버지인 크로노스^{Cronos}가 자신의 아버지, 즉 제우스의 할아버지인 우라노스^{Ouranos}의 성기를 잘라 바다로 던졌는데, 정액과 파도 거품이 섞이면서 아프로디테가 탄생했다는 내용이다. 하지만 그 외의 작품들에서는 아프로디테가 제우스와 디오네^{Dione} 사이에서 태어난 딸이라고만 나와 있다. 물론 예술가들의 구미를 더 당긴 쪽은 후자가 아니라 전자였다.

그리스에는 절반은 신, 절반은 인간인 존재가 있었다?

호메로스의 작품 속 주인공들은 신이 아니라 사람이었다. 위기 때마다 신의 도움을 필요로 했고, 언젠가는 죽을 수밖에 없는 존재들이었던 것이다. 하지만 헤시오도스는 신과 인류 사이에 '영웅hero'이라는 제3의 존재를 끼워 넣었다. 이후 많은 이들이 헤시오도스가 만들어낸 영웅들을 숭배하기 시작했고, 기원전 5세기에는 영웅을 숭배하는 종교 의식까지 생겨나면서 신께 바치는 제사와 영웅을 숭배하는 의식을 구분하는 방법을 알려주는 지침서까지 등장했다. 영웅의 지위가 신의 수준으로 격상된 탓에 그러한 현상이 나타난 것이었다. 그러자 도입된 것이 바로 '반신半神'이라는 개념이었다. 원래부터 신이었던 존재는 그대로 신이라 부르고, 헤시오도스가 만들어낸 영웅들은 반신으로 부르기 시작한 것이다. 하지만 헤시오도스의 영웅들에게는 사실 신적인 능력이 전혀 없었다.

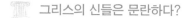 그리스의 신들은 문란하다?

　그리스 신화를 읽다 보면 신들이 할 줄 아는 것이라곤 연애와 배신밖에 없다는 생각이 든다. 하지만 연애담이나 모략담은 고대 그리스인들의 종교관에서 비롯된 것이 아니라 후대 작가들이 끼워 넣은 허구적 이야기일 뿐이다. 예컨대 아리따운 요정 님프^{nymph}와 신이 사랑에 빠진다는 스토리도 모두 오비디우스가 쓴 통속 소설에 등장하는 것들이다. 사실 기원전 8세기경부터 이미 신을 인간의 모습으로 묘사하는 경향이 조금씩 대두되기는 했지만, 그렇다 하더라도 아이스킬로스^{Aeschylos}(BC 525~456)와 소포클레스^{Sophocles}(BC 496~406)의 작품들에 등장하는 신은 매우 권위 있는 모습으로, 바람둥이 이미지는 전혀 찾아볼 수 없다.

아틀라스와 오이디푸스

🫖 티탄은 패배를 모르는 강인한 족속이었다?

그리스 신화에서 티탄^{Titan}은 신과 비슷한 존재들이지만, 훗날 제우스가 이끄는 올림포스 신들과 싸워 패하고 만다. 힘과 야성과 강인함의 대명사였음에도 불구하고 패배를 면할 수 없었던 것이다. 티탄족은 제우스에게 패하면서 힘을 완전히 잃어버렸고, 살아남은 몇몇 티탄들도 예컨대 프로메테우스^{Prometheus}처럼 비극적 운명에 시달려야 했다. 즉 '티탄'이라는 별명을 지녔다고 해서 무조건 우쭐해할 일은 아닌 것이다.

아틀라스는 어깨로 지구를 떠받치고 있다?

미술 작품에서는 종종 티탄족인 아틀라스가 지구를 떠받치고 있지만, 그리스 신화에서는 제우스에 대항하여 전쟁을 치른 죄로 어깨로 하늘을 떠받치고 있어야만 한다. 한편, 메두사를 죽인 영웅 페르세우스^{Perseus}가 자신의 청을 거절한 아틀라스를 메두사의 잘린 머리를 이용해 돌로 바꾸어버리는데, 그것이 아프리카 북서부의 아틀라스 산맥$^{Atlas\ Mountaints}$이 되었다는 이야기도 있다.

 ## 오이디푸스는 자신의 어머니와 결혼한 죄로 벌을 받았다?

오이디푸스^{Oedipus}는 조상들이 저지른 죄 때문에 자기 아버지를 죽이고 어머니와 결혼하는 운명을 타고난다. 즉 신탁으로 이미 정해진 운명이어서 아무리 발버둥 쳐도 거스를 수 없는 것이다. 아버지가 다스리던 나라 테베의 왕이 된 오이디푸스는 공정하고 현명하게 나라를 다스리지만, 자신이 아버지를 죽이고 어머니와 결혼했다는 사실을 깨달은 뒤 스스로 눈을 찔러 장님이 된 후 방랑생활을 한다.

로마와 그리스의 신들은 동일하다?

제우스는 유피테르이고 헤라는 유노, 아테나는 미네르바라는 식으로 그리스 신화의 신들을 로마 신화에 일대일로 대입하는 경향이 널리 퍼져 있다. 하지만 로마 신화에 등장하는 신들의 모습이 그리스 신화의 신들과 늘 일치하는 것은 아니었다. 로마인들 스스로 자신들의 신을 그리스 신에 비유하면서 로마 신화를 그리스 신화의 아류작 정도로 강등시킨 것은 사실이다. 그러나 로마인들은 재미를 추구할 때와 경건함을 추구할 때를 구분할 줄 알았다. 예컨대 공식 행사를 거행하는 유피테르의 모습에서는 바람둥이 제우스의 모습을 흔적조차 찾을 수 없는 것이다. 한편, 로마인들의 일상생활에서는 그리스에서 '수입'한 신들보다 라레스Lares, 페나테스Penātes, 야누스Janus, 또는 보나데아Bona Dea와 같은 로마 고유의 신들이 더 큰 역할을 담당했다고 한다.

마르스 광장은 처음부터 로마 시내에 있었다?

군인들의 연병장으로 활용되기도 했던 로마의 마르스 광장Campo Marzio은 원래 로마의 성곽 바깥쪽에 위치한 벌판이었다. 전쟁의 신 마르스Mars에게 봉헌된 땅인 만큼 당국에서도 어쩔 수 없이 허가는 해주었지만, 굳이 시내로 편입하고 싶은 마음은 없었던 것이다. 당시 마르스 광장에서는 매년 마르스를 기리기 위한 운동 경기가 열렸으며, 축제나 군사 훈련이 없을 때에는 말이나 양을 키우는 방목장으로 활용했다. 그러다가 기원전 1세기에 도시를 정비하는 과정에서 마르스 광장은 로마 시내로 편입되었고, 이후 다양한 건물들도 들어섰다.

 '에소테릭'은 본디 신비주의와 관련된 개념이었다?

'에소테릭^{esoteric}'은 '내부^{inside}'를 뜻하는 그리스어 '에소테로스^{esoteros}'에서 온 말로, 본디 소수 정예에게만 허락된 모임을 의미하는 말이었다. 당시 고대 철학 아카데미에서 주최하는 행사들은 에소테릭 행사와 엑소테릭^{exoteric} 행사로 나뉘었는데, 후자는 누구에게나 개방되어 있었지만 전자는 사전에 자격을 얻은 사람들만 참석할 수 있었다. 그런데 특정인에게만 출입을 허락하는 이러한 '에소테릭한' 방식은 그 시절에 이미 종교 분야에서도 널리 활용되었고, 그러면서 결국 에소테릭이 비교^{秘教}나 신비주의를 뜻하는 말로 변질되었다.

베스타의 신녀들은 결혼할 수 없었다?

베스타의 신녀^{Vestal Virgin}도 결혼할 수 있었다. 로마 신화에서 베스타의 신녀들은 베스타^{Vesta}, 즉 화로의 여신의 신전에서 성화^{聖火}를 수호하는 여인들이었다. 그런데 귀족 가문의 6~10세 사이의 여아들 중에서 선발된 그 여인들은 무려 30년 동안이나 불 곁을 지켜야 했다. 즉 마흔이 다 되어서야 결혼이 허락되었던 것이다. 그러니 사실상 베스타의 신녀들 중 실제로 결혼한 사람은 거의 없다고 봐야 한다. 한편, 베스타의 신녀들은 로마 제국 내 유일한 여사제들이기도 했는데, 국가적 차원의 제례에 참석할 수 있었고 백성들로부터 존경도 많이 받았다. 그러나 실제 권력은 그리 크지 않았고, 순결을 잃으면 심지어 생매장을 당했다. 참고로 죽이지 않고 산 채로 땅에 묻은 이유는 신녀를 죽여서는 안 된다는 법률 때문이었다.

논리학과 형이상학

 크산티페는 소문난 악처였다?

소크라테스^{Socrates}(BC 469~399)의 아내 크산티페^{Xanthippe}는 아마도 세계에서 가장 유명한 악처일 것이다. 실제로 크산티페는 사람들 앞에서 남편에게 마구 소리 지르며 바가지를 긁는가 하면 심지어 구정물을 끼얹기도 했다. 하지만 크산티페를 희대의 악처로 치부할 수만은 없다. 무심한 남편을 대신해 혼자서 세 아들을 키우며 생계를 꾸려나가야 했기 때문이다. 그러거나 말거나 소크라테스는 제자들에게 수업료를 전혀 받지 않았다. 개중에는 내로라하는 집안의 자제들도 있었지만, 소크라테스는 한사코 수업료를 거절했다. 참고로 소크라테스는 결혼할 당시 이미 쉰 살 정도였는데, 그전이나 그 후에도 단 한 번도 결혼에 대해 좋게 말한 적이 없었다.

 키니코스학파는 시니컬했다?

냉소적임을 뜻하는 '시니컬하다^{cynical}'가 키니코스학파^{Cynicos}의 이름에서 유래한 것은 사실이다. 학파의 창시자는 디오게네스^{Diogenes}(BC 412~323년경)인데, 키니코스라는 이름도 디오게네스 때문에 붙은 것이다. 즉 디오게네스의 삶이 '개와 같은 삶^{kynicos bios}'이라는 뜻에서 키니코스학파로 불리게 된 것이었다. 당시 디오게네스는 가진 것이 거의 없었고 생계도 구걸로 이어나갔다. 그러나 키니코스학파가 세속적 허영심에 대해 매우 냉소적인 태도를 취했던 것은 사실이지만, 디오게네스와 관련된 수많은 일화들에서는 냉소적인 태도보다 삶에 대한 여유나 만족감이 더 많이 묻어난다.

 디오게네스는 통 속에서 살았다?

디오게네스에게는 '통 속의 철학자'라는 별명이 그림자처럼 따라다닌다. 공동묘지의 통 속에 살면서 남들이 먹다 버린 음식물로 연명했기 때문에 그러한 별명이 붙었다고 한다. 하지만 디오게네스의 주변 환경이 실제로 그렇게 열악했는지는 의문이다. 그보다는 세네카의 말, 즉 디오게네스를 가리켜 "그 정도로 필요한 게 없는 사람이라면 통 속에서 살아도 무방하겠다"고 한 말이 와전된 것일 가능성이 더 크다.

쾌락주의는 순전히 쾌락만을 추구하는 학파이다?

그리스 철학자 에피쿠로스^{Epicouros}(BC 341~270)가 쾌락주의^{hedonism}를 주창한 것은 사실이다. 하지만 에피쿠로스가 감각적·육체적 쾌락을 무분별하게 충족해도 된다는 의미에서 그런 이론을 제기한 것은 아니었다. 오히려 그 반대로, 에피쿠로스는 절제하는 삶을 살 때 비로소 진정한 쾌락을 누릴 수 있다고 말했다. 예컨대 맛있는 음식이 나왔을 때 늘 맛난 것만 먹던 사람보다는 평소에 소박한 식사를 해온 사람이 그 맛을 훨씬 더 즐길 수 있다는 것이었다.

논리학은 명제의 내용에 관한 학문이다?

논리학^{logics}은 명제의 내용과는 전혀 관계가 없다. 논리학에서는 명제가 참이 되는 과정만 밝혀내면 된다. 참고로 내용이 하

나도 없어도 논리를 증명할 수 있다. 예를 들어 "A는 B이다, C
는 A이다, 그러므로 C는 B이다"에서처럼 기호만 있어도 충분히
논리가 입증되는 것이다.

 형이상학은 '물리학 뒤에 숨어 있는' 수상한 학문이다?

형이상학metaphysics은 '뒤'를 뜻하는 그리스어 접미사 '메타
meta'와 '물리학physics'이 결합된 말이다. 때문에 형이상학이 수
상한 학문이라 생각하는 이들이 많은데, 사실 형이상학이야말로
철학 중의 철학이라 할 수 있다. 눈에 보이지 않는 현상과 추상
적 질문들을 다루기 때문이다. 즉 형이상학에서는 '신은 존재하
는가?', '선善이란 무엇인가?', '인간에게 자유 의지가 있는가?',
'인간의 행동은 이미 정해져 있는 것인가?'와 같은 질문들을 제
기하면서 그에 대한 답변을 찾아나가는 것이다. 그런데 예전에
는 형이상학이 철학 중의 으뜸이라는 사실을 의심하는 이들이
거의 없었던 반면, 지금은 일반적 결론을 도출해낼 수 없다는 이
유 때문에 형이상학의 가치를 둘러싼 논쟁이 벌어지고 있다. 하
지만 학자들의 그러한 논쟁과 상관없이 지금 이 순간에도 수많
은 이들이 형이상학적 물음에 대해 자기 나름의 해답을 찾기 위
해 몰두하고 있다.

미학은 아름다움을 다루는 학문이다?

미학[aesthetics]의 어원은 그리스어의 '아이스테시스[aisthesis]'이다. 즉 감각적 인식에 관한 학문이 바로 미학이다. 이에 따라 우리의 감각이 인식하는 모든 것이 미학의 연구 대상에 포함된다. 아름다움뿐 아니라 추악함도, 향기뿐 아니라 악취도 미학의 연구 대상이 되는 것이다. 만약 미학이 아름다움만을 다루는 학문이었다면 '에스테틱스'가 아니라 '칼리스틱스[kallistics]'라 불렸을 것이다. 그리스어로 '칼로스[kallos]'가 '아름다움'을 뜻하기 때문이다.

칸트와 헤겔

 데카르트는 "나는 생각한다, 고로 존재한다"라는 말을 남겼다?

데카르트^{René Descartes}(1596~1650)가 원래 했던 말은 "나는 생각한다, 고로 존재한다^{Cogito, ergo sum}"가 아니라 "나는 의심한다, 고로 존재한다. 혹은 결국 같은 뜻인데, 나는 생각한다, 고로 존재한다^{Dubito, ergo sum, vel, quod idem est, cogito, ergo sum}"였다. 즉 데카르트는 모든 것이 감각의 착각일 수 있고, 심지어 자신의 존재조차도 꿈에 불과할 수 있다고 여긴 것이었다. 나아가 데카르트는 자신이 의심하고 있다는 사실만이 의심의 대상이 아니라는 깨달음도 얻었다. 그런데 그런 식의 깨달음을 데카르트보다 먼저 얻은 이가 있었다. 성 아우구스티누스^{Sanctus Aurelius Augustinus}(354~430)가 자신의 저서 《신국론^{De civitate Dei}》에서 "실수를 저질렀을 때에도 나는 존재한다. 존재하지 않는 자는 실수도 할 수 없기 때문이다 Si enim fallor, sum. Nam qui non est, utique nec falli potest"라고 말했던 것이다.

 ## 레비아탄은 처음부터 독재 권력의 상징이었다?

레비아탄 Leviathan 은 원래 페니키아 신화에 나오는 뱀 모양의 바다 괴물로, 대재앙의 상징이었다. 구약 성경에서도 레비아탄(리워야단)은 악의 화신으로 등장한다. 한편, 영국의 철학자 토머스 홉스 Thomas Hobbes (1588~1679)는 레비아탄을 긍정적 의미에서 국가의 주권을 상징하는 말로 사용했지만, 이후 절대 왕정에 반대하는 철학자들이 그 용어를 반인권적 독재 권력의 대명사로 둔갑시켰다.

 ## "자연으로 돌아가라!"는 루소가 한 말이다?

"자연으로 돌아가라!"라는 말이 언급될 때마다 프랑스 철학자 장 자크 루소 Jean Jacques Rousseau (1712~1778)의 이름도 함께 등장하지만, 사실 루소는 그런 말을 한 적이 없다. 루소가 인간의 본성은 본디 선했는데 절대주의 absolutism 를 비롯한 일련의

문명들이 인간을 오히려 불행과 부당함으로 오도하고 있다고
비판한 적은 있지만, 거기에서 벗어나기 위해 동물적이고 원시
적인 자연 상태로 돌아가라는 충고를 한 적은 없다. 당시 루소가
제시한 해법은 사회 계약설이었다. 즉 자발적이고 민주적인 방
법으로 사회 구성원들 간에 합의를 도출하고, 나아가 타고난 자
질과 천성을 해치지 않는 방향으로 교육이 이루어져야 한다고
주장한 것이었다.

 ## 계몽이란 "자신의 잘못으로 인해 빠진 미성숙 상태에서 벗어나는 것"이다?

"계몽이란 자신의 잘못으로 인해 빠진 미성숙 상태에서 벗
어나는 것Aufklärung ist der Ausgang des Menschen aus seiner selbst
verschuldeten Unmündigkeit"이라는 이론은 독일의 철학자 이마누
엘 칸트Immanuel Kant(1724~1804)의 개인적인 생각일 뿐이다. 당
시 대부분의 사람들은 계몽 대상을 자기 자신이 아닌 타인으로
간주했다. 즉 칸트는 미성숙 상태에서 벗어나 완성된 상태로 나
아가는 것을 계몽이라 생각한 반면, 동시대의 대다수 학자들은
타인의 잘못을 지적하고 바로잡아주는 것이 곧 계몽이라 믿었
던 것이다.

칸트가 의무를 강조한 것은 사실이다. 특히 그는 윤리적 규범은 어떤 상황에서도 항상 유효하며, 그때그때의 상황이나 예측되는 결과, 혹은 개인적인 감정에 따라 달리 해석되어서는 안 된다고 주장했다. 칸트가 '딱딱하고 재미없는 프로이센 사람'이라는 인식이 널리 퍼진 것도 그 때문이다. 하지만 사적인 자리에선 유쾌하고 재미있게 토론을 이끌어가는 인물로 유명했다. 뿐만 아니라 인간은 누구나 자신의 세계를 스스로 구축해나갈 자유를 지녀야 한다고 역설하기도 했다.

 니체는 유대인을 싫어한 나치 추종자였다?

나치 추종자들은 물론이요 이탈리아의 파시스트들도 자신들의 정치적 목적 달성을 위해 프리드리히 니체^{Friedrich} ^{Nietzsche}(1844~1900)의 사상을 악용했다. 초인^{Übermensch} 사상이나 군주 도덕^{Herrenmoral} 사상을 자신들의 입맛에 맞게 왜곡시킨 것이다. 그런데 제국주의자들은 니체가 특정 국가나 민족이 아니라 오로지 개인에게만 관심을 둔 극단적 개인주의였다는 사실은 몰랐던 듯싶다. 게다가 니체는 반유대주의에 대해서도 분명하게 거부한 적이 있다. 그러나 니체가 세상을 떠난

뒤, 반유대주의자였던 누이동생 엘리자베트 푀르스터^{Elisabeth}
^{Förster}(1846~1935)는 니체의 고귀한 사상들을 파시즘 선동 운동
의 도구로 전락시켜 버렸다.